초등 교과 과정 연계

수와 연산 영역	네 자리 이하의 수체계(1, 2학년), 세 자리 수 이하의 덧셈과 뺄셈(1, 2, 3학년), 곱셈(2-2)
도형영역	입체도형의 모양(1-1), 평면도형의 모양(1-2, 2-1)
측정영역	양의 비교(1-1), 시간(2-2), 길이 재기(2-1, 2-2)
규칙성 영역	규칙 찾기(2-2), 규칙을 수나 식으로 나타내기(4-1)
자료와 가능성 영역	분류하기(2-1)

수학 교과 역량

문제 해결 역량	식 세우기, 모델링하기, 문제 변형하기
추론 역량	관찰하고 추측하기, 형식화하기, 규칙 찾기
창의 · 융합 역량	많은 해결 방법이나 해답 찾아보기
의사소통 역량	그림, 식, 표 등으로 나타내기
정보 처리 역량	계산기 등 공학적 도구 활용하기
태도 및 실천	수학에 대해 관심과 흥미 가지기

생각하면 쉬운 수학
2단계

주니어 RHK

추천의 글

4차 산업혁명 시대에 필요한 수학 역량을 길러주는 책

새롭게 만들어진 수학 교육과정은 실생활 중심의 여러 문제들을 스스로 해결함으로써 학생들이 수학을 긍정적으로 생각할 수 있는 기회를 제공하는 것에 강조점을 두고 있습니다. 이렇게 교육과정의 방향이 바뀐 것은 4차 산업혁명 시대에 필요한 문제 해결, 추론, 창의·융합, 의사소통, 정보처리 등 다양한 수학적 역량을 학생들에게 길러주기 위함입니다.

〈생각하면 쉬운 수학〉 시리즈를 집필한 선생님들은 새로운 교육과정에서 아이들에게 길러 주려고 하는 수학 역량을 이 책에 모두 담아, 수학의 숨은 이야기를 부모님과 나누고, 학교에서 배웠지만 헷갈리거나 어려웠던 문제를 다시 생각해 보고 해결해 봄으로써 의사소통 역량을 기를 수 있도록 구성하였습니다.

더불어 여러 개의 답이 있을 수 있고, 다양하게 생각할 수 있는 문제를 해결하면서 '하나밖에 없는 정답을 알아내야 해. 그래서 수학은 어려워.'라는 생각을 버릴 수 있습니다. 이 과정에서 아이들은 창의·융합적인 역량을 기를 수 있습니다.

수학을 게임처럼, 즐겁고 흥미롭게 여기게 되면 아이들은 수학에 대해 긍정적인 생각을 가질 수 있습니다.

〈생각하면 쉬운 수학〉 시리즈를 가정에서 부모님과 자녀가 함께 보고 이야기 나누면서 한 문제씩, 한 단계씩 해결해 보았으면 합니다.

2015 개정 초등 수학 교과서 집필진 박경연

머리말

수학을 왜 배울까요?

여러분은 한 번쯤 '누가 수학을 만들었을까?' 또는 '수학은 왜 배워야 하지?'라는 생각을 해 본 적이 있을 거예요. 수학을 가르치는 선생님들도 수학을 왜 가르쳐야 하는지 고민이 많았답니다. 하지만 이제는 자신 있게 대답할 수 있어요.

수학은 생각하는 힘을 키우기 위해서 배워요!

수학은 단순히 계산하는 학문이 아니에요. 여러분의 부모님이 수학을 배울 때는 한 가지 방법으로 하나의 정답을 찾는 게 수학이었어요. 하지만 지금은 다양한 관점에서 여러 가지 방법으로 여러 답을 찾아내는 것이 수학이지요. 예전보다 창의적이고 폭넓은 접근이 필요한 거예요.

주어진 상황에서 공통점과 차이점을 찾거나, 주어진 규칙을 적용해서 예상해 보거나, 여러 가지 방법으로 차근차근 문제를 해결하다 보면 생각하는 힘이 자라요. 이렇게 자라는 생각하는 힘이 바로 '수학적 사고력'이랍니다.

〈생각하면 쉬운 수학〉 시리즈는 여러분의 사고의 흐름에 따라, 또 수학의 역사를 따라 책을 읽으며 다양한 방법으로 문제를 풀어보는 새로운 형태의 수학 책이에요. 어떻게 공부를 해야 사고력을 키울 수 있을지 막막한 친구들에게 도움이 될 거예요.

〈생각하면 쉬운 수학〉 시리즈를 통해 수학의 재미에 빠지고 수학적 사고력도 얻을 수 있길 기대합니다.

어린이를 위한 수학교육연구회

책을 읽기 전에

수학은 창의적으로
생각해 푸는 것!

2015년 개정 교육 과정은 다가오는 4차 산업혁명에 대비하여 아이들을 창의적이고 융합적인 인재로 키우자는 게 그 목표입니다. 그중 수학 교과의 개정 방향은 <mark>학습의 부담을 낮추고, 수학 개념을 제대로 익히며, 실생활 중심의 통계 내용을 보여 주면서, 공학적 도구의 활용을 강조한다</mark>는 것입니다. 기존의 초등 수학 교육 방식보다 아이들이 조금 더 수학을 쉽고 재미있게 접하는 방안으로 구성되었다고 볼 수 있지요.

'발명'이라고 하면 세상에 없던 것을 뚝딱 만들어 내는 것 같지만, 사실은 원래 있던 것을 조금 다르게 생각해 보는 것뿐이에요. 발명의 기법으로 쓰이는 창의적인 생각 방법으로 '창의적 문제 해결 방법론'이라는 말의 러시아어 약자인 트리즈(TRIZ)라는 게 있어요. 그 방법을 정리하면 다음과 같아요.

1. 쪼개라! 2. 합쳐라! 3. 핵심만 뽑아라! 4. 거꾸로 생각해라!

예를 들면, 크기가 큰 두부를 쓸 만큼만 작게 잘라 나누어서 파는 것, 또는 근시와 원시 렌즈를 하나의 안경으로 합쳐서 쓰는 것 등이지요.

'수학은 원래 창의적으로 생각해 푸는 것'이라고 생각하는, 수학 교과서 집필에 참여하기도 했던 초등학교 선생님들은 <mark>'쪼개는 건 빼기, 합치는 건 더하기, 핵심만 뽑는 건 약분, 거꾸로 생각하는 건 분수 계산하기'</mark>와 다를 바 없다고 생각했어요.

그래서 이 책에 그 모든 것을 담았답니다!

이야기 수학
이야기를 더하자!

이게 수학 이야기라고요?

이렇게 들으니 수학이 숫자로만 이루어진 문제집이 아니라, 재미있는 이야기였지 뭐예요! 옛이야기처럼 듣는 수학 이야기로 수학 개념을 확실하게 배워 봐요!

학교 수학
어려움은 빼야지!

학교 수학은 어렵고 딱딱하다?

이런 게 우리가 학교에서 배운 수학이라고요? 이거라면 학교에서 보는 시험은 물론이고, 일상생활에서 수학이 필요할 때면 언제라도 쓸 수 있을 거예요!

추론 수학
같은 것을 찾아라!

탐정과 수학자는 같은 걸 잘한다?

무슨 얘기냐고요? 탐정과 수학자 모두 주어진 사실을 조합해 궁리한 다음 문제를 해결해야 하기 때문이에요! 왼쪽과 오른쪽이 같다는 걸 찾아내는 거랍니다.

다답 수학
답은 하나가 아니야!

**답이 여러 개인데
문제가 잘못된 거 아니냐고요?**

절대 아니에요. 답이 여러 개일 수 있어요. 답이 여러 개인 수학 문제를 푸는 재미를 찾고 자신만의 답을 찾는 창의성을 키워 보세요!

퍼즐·게임 수학
재미는 나누자!

게임을 하며 놀면 수학 실력이 는다고요?

게임에서 이기려면 수학 실력을 더욱더 갈고 닦아야 해요! 친구들과 신나게 놀면서 수학 실력을 맘껏 발휘해 보세요!

이 책의 5가지 구성

차례

추천의 글 … 4
머리말 … 5
책을 읽기 전에 … 6

이야기 수학

1. **재앙을 막아 주는 마방진** … 12
2. **도형수의 신비** … 15
   ① 삼각수
   ② 사각수
3. **우리나라 최초의 구구단** … 18
4. **앙부일구 시계 보는 법** … 20
5. **일 년과 한 달의 비밀** … 22
   ① 기준에 따라 달라지는 연도
   ② 한 달의 날짜 수가 다른 이유

학교 수학

1. **모으기와 가르기로 계산하기** … 28
2. **등호와 등식** … 32
   ① 등호의 의미는?
   ② 등호의 왼쪽과 오른쪽을 같게
3. **다양한 규칙 찾기** … 35
   ① 반복되는 규칙
   ② 특별한 규칙
   ③ 쌓기나무 규칙
4. **곱셈의 성질** … 38
   ① 세 가지 곱셈의 성질
   ② 곱셈의 성질 이용해 곱셈표 완성하기
   ③ 곱셈 가르기
   ④ 세 수 곱하기
5. **문제 완성하기** … 44

추론 수학

1 귀납추론 ⋯ 48
  1. 반복되는 규칙 찾기
  2. 같은 특징 찾기
  3. 계산기로 규칙 찾기
  4. 수의 관계 추리하기

2 유비추론 ⋯ 53
  1. 짝꿍 말을 찾아요
  2. 짝꿍 수를 찾아요

3 연역추론 ⋯ 55
  1. 논리적으로 생각하기
  2. 순서 추리하기
  3. 저울 보고 추리하기
  4. 단서 보고 추리하기

퍼즐·게임 수학

1 그림 수도쿠 ⋯ 84
2 숫자판 연산 ⋯ 87
3 그림 암호 ⋯ 89
4 색칠 연산 ⋯ 91
5 우노카드 곱셈놀이 ⋯ 92
6 도형 보드게임 ⋯ 94

다답 수학

1 다양한 방법으로 나타내기 ⋯ 62
  1. 여러 가지 방법으로 20 만들기
  2. 여러 가지 방법으로 묶기

2 다양한 규칙으로 나타내기 ⋯ 65
  1. 내가 만드는 규칙
  2. 곱셈표에서 규칙 찾기

3 다양한 기준으로 나누기 ⋯ 68
  1. 수 나누기
  2. 똑같이 나누기
  3. 공통점 찾아 분류하기

4 다양한 방법으로 모양 만들기 ⋯ 73
  1. 바둑돌로 모양 만들기
  2. 점판으로 모양 만들기

5 다른 문제로 바꾸기 ⋯ 77
  1. 덧셈은 뺄셈으로, 뺄셈은 덧셈으로
  2. 다양한 식 만들기

이야기 수학

이야기를 더하자!

1. 재앙을 막아 주는 마방진

중국 하나라 시대에 황하 강이 넘치는 것을 막기 위한 공사를 했어요. 그런데 강에서 큰 거북이 한 마리가 나타났어요. 그 거북이의 등에는 신비한 무늬가 새겨져 있었지요. 그 무늬 점을 세어보니 가로, 세로, 대각선의 합이 모두 같았지 뭐예요! 중국 사람들은 이 신비로운 그림을 마법의 사각형이라 하여 마방진 또는 마법의 합이라고 불렀어요.

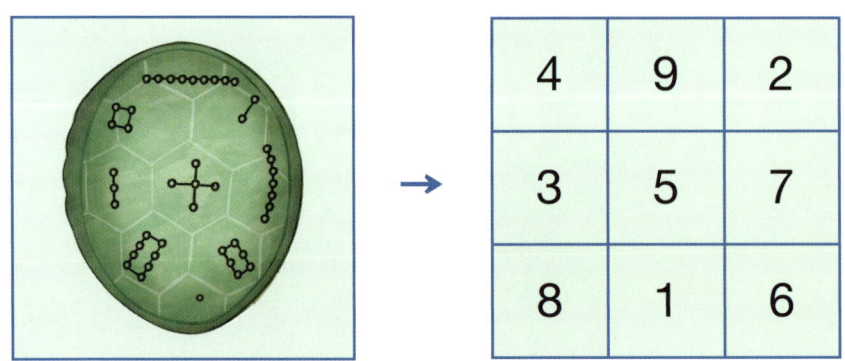

마방진은 여러 나라에 전해지면서 다양한 모습으로 발전되었어요. 하지만 모든 마방진의 원리는 한가지예요. 가로, 세로, 대각선의 수의 합이 같다는 것이지요.

칸의 수에 따라 3차 마방진, 4차 마방진과 같이 이름을 붙여요. 가장 기본이 되는 3차 마방진에 대해 알아볼까요?

3차 마방진을 만드는 방법

3차 마방진은 가로, 세로, 대각선의 합이 15가 돼요. 세 수의 합이 15가 되는 경우를 모두 찾아서 넣어볼 수도 있지만 더 쉽고 간단한 방법이 있답니다.

❶ 단계 마방진의 바깥에 칸을 덧붙입니다.

❷ 단계 꼭대기부터 오른쪽 대각선 방향으로 차례로 1부터 9까지 숫자를 써 넣습니다.

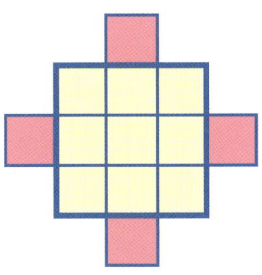

❸ 단계 마방진 바깥에 있는 숫자를 대칭되는 칸으로 옮깁니다.

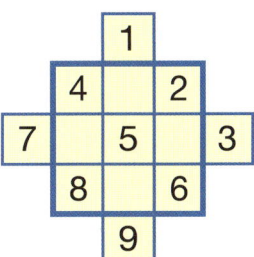

❹ 단계 덧붙인 칸을 지우면 3×3의 3차 마방진이 완성됩니다.

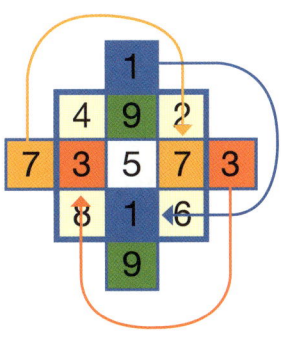

도전 1 5, 6, 7, 8, 9, 10, 11, 12, 13을 넣어서 가로, 세로, 대각선의 합이 모두 27이 되도록 마방진을 완성해 보세요.

8		6
	9	

도전 2 2, 4, 6, 8, 10, 12, 14, 16, 18을 넣어서 가로, 세로, 대각선의 합이 모두 30이 되도록 마방진을 완성해 보세요.

	10	
16		12

2. 도형수의 신비

> 별 3개를 이으면 삼각형, 별 4개를 이으면 사각형 모양이네.

> 삼각형은 1, 3, 6, 10 ⋯ 사각형은 1, 4, 9, 16 ⋯, 무엇인가 규칙이 있는 것 같은데!

❶ 삼각수

피타고라스는 **정삼각형 모양을 이루는 점의 개수**를 **삼각수**라고 이름 붙였어요. 아래 그림은 첫 번째부터 다섯 번째까지의 삼각수랍니다.

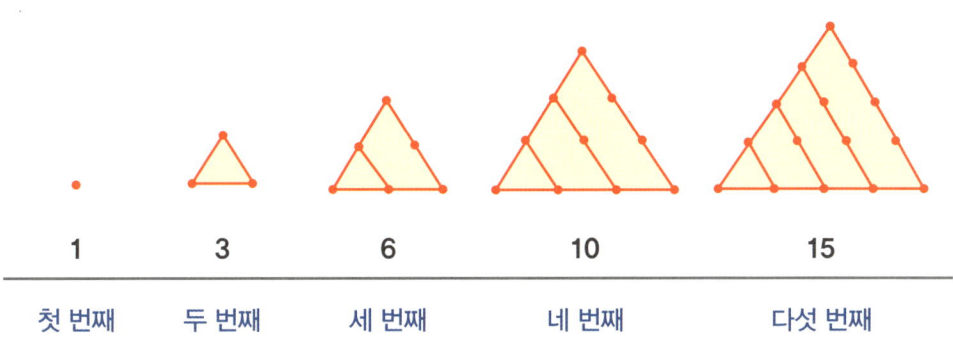

| 1 | 3 | 6 | 10 | 15 |
| 첫 번째 | 두 번째 | 세 번째 | 네 번째 | 다섯 번째 |

어떤 규칙이 있는지 찾아볼까요? 첫 번째 삼각수는 점이 1개, 두 번째 삼각수는 점이 1+2개, 세 번째 삼각수는 점이 1+2+3개, 네 번째 삼각수는 점이 1+2+3+4개, 다섯 번째 삼각수는 점이 1+2+3+4+5개 있음을 알 수 있어요.

같은 규칙대로라면 열 번째 삼각수는 1+2+3+4+5+6+7+8+9+10이 되겠지요? 즉, **삼각수는 1, 2, 3, 4, 5 ⋯와 같은 자연수의 합이라고 할 수 있어요.**

❷ 사각수

또한 피타고라스는 **정사각형 모양을 이루는 점의 개수를 사각수**라고 이름 붙였어요. 아래에 첫 번째부터 다섯 번째까지의 사각수가 있어요.

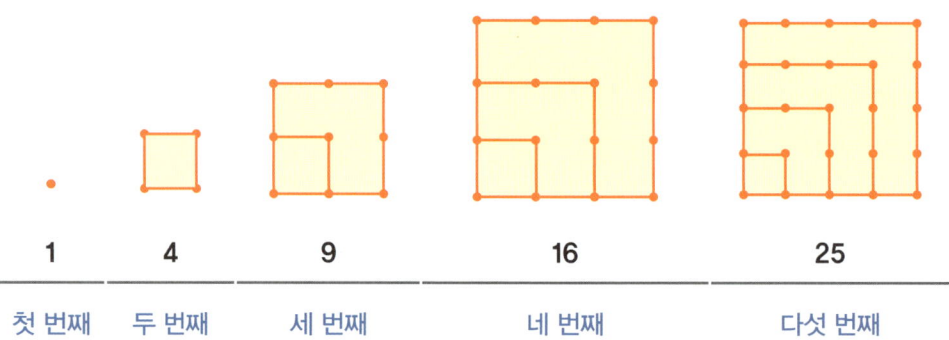

1	4	9	16	25
첫 번째	두 번째	세 번째	네 번째	다섯 번째

첫 번째 사각수는 점이 1개, 두 번째 사각수는 점이 4개, 세 번째 사각수는 점이 9개, 네 번째 사각수는 점이 16개, 다섯 번째 사각수는 점이 25개 있습니다. 같은 규칙을 적용하면 열 번째 사각수는 점이 100개 있다는 것을 알 수 있지요.

사각수 그림에서 가로 점의 개수와 세로 점의 개수를 곱셈식으로 나타내면 $1 \times 1 = 1$, $2 \times 2 = 4$, $3 \times 3 = 9$, $4 \times 4 = 16$, $5 \times 5 = 25$, $\cdots$, $10 \times 10 = 100$ 임을 알 수 있어요. 이렇게 같은 **두 수를 곱한 수들을 제곱수라고 불러요.**

그런데 **이 제곱수들은 또한 홀수들의 합이에요.** 위의 사각수 배열에서 1, 3, 5, 7과 같은 홀수들이 보이나요? 안 보인다고요? 사각수를 아래처럼 그림으로 표현하면 홀수들이 보일 거예요.

$1=1$

$1+3=4$

$1+3+5=9$

$1+3+5+7=16$

$1+3+5+7+9=25$

$1+3+5+7+9+11=36$

홀수들의 합이 바로 제곱수가 된답니다.

이렇게 수학에서 배우는 내용들은 서로 서로 관계를 맺고 있어요. 관계 맺기를 잘하면 수학을 더 잘할 수 있지요. 학교에서 배우는 수학은 서로 어떤 관계를 맺고 있는지 생각해 보세요.

도전 도형수의 규칙을 이용하여 다음 수를 구해 보세요.

① 5번째 삼각수는 얼마일까요?

② 10번째 사각수는 얼마일까요?

③ 10번째 사각수를 홀수의 합으로 표현해 보세요.

3. 우리나라 최초의 구구단

우리나라는 구구단을 언제부터 사용했을까요? 옛날 사람들도 곱셈을 했을까요? 구구단은 아주 오래 전에 중국에서 만들어져서 우리나라로 전해졌다고 해요. 다음 몇 가지 기록을 보고 우리나라에서 구구단이 어떻게 사용되었는지 알아봐요.

첫 번째는 「광개토대왕릉비」인데요, '광개토대왕이 $2 \times 9 = 18$세에 왕에 올랐다'는 뜻인 이구등조(二九登祚)라는 말이 적혀져 있답니다.

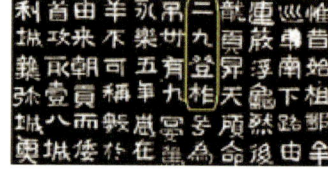

광개토대왕비 중 일부

고구려 시대에도 구구단을 사용해서 왕의 나이를 나타냈다는 걸 알 수 있어요.

두 번째는 〈삼국사기〉라는 책에 "신문왕은 682년에 국학을 설치하고 산학을 가르쳤다"고 적혀 있어요. 통일신라시대 신문왕이 '국학'이라는 국립대학을 세우고 '산학', 즉 덧셈, 뺄셈, 곱셈, 나눗셈 등 셈에 대한 학문을 가르쳤다는 뜻이지요.

통일신라 시대에는 대학에서 셈을 배웠다고 하니 여러분은 정말 대단한 게 아닐까요?

세 번째 기록은 백제시대 사람들이 사용했던 구구단 목간이에요. 목간은 종이가 발명되기 전에 종이처럼 사용했던 나무판인데요, 부여지역에서 주택 공사를 하던 중에 발견되었다고 해요.

칼 모양의 이 목간에는 한자가 흐릿하게 적혀 있었

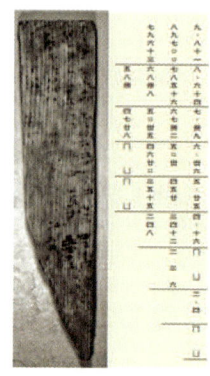

백제 구구단 목간

는데 자외선을 쬐여서 확인해 보니 바로 현재의 구구단과 같았어요!

그런데 이 구구단 목간은 지금 사용하는 구구단과는 조금 다른 점이 있었어요.

> 첫째, 9×9=81부터 시작해요.
> 둘째, 중복되는 구구나 쉬운 구구는 적지 않았어요.
> 셋째, 반복하는 수는 간단한 기호(〃)를 사용했어요.
> 넷째, 단이 바뀔 때마다 선을 그어 구분했어요.

백제 사람들은 이 칼 모양의 구구단 목간에 구구단을 적어 놓고서 세금이나 물건 값을 계산할 때 사용했던 것 같아요.

자, 옆에 있는 수 글자를 보세요. 옛날에는 세로로 읽었으니, 세로 방향으로 한번 셈을 해 볼까요? 오팔사십, 칠구육십삼 처럼 말이죠.

도전 구구단을 생각하며 백제의 구구단 목간에서 지워진 글자를 한글로 적어 보세요.

육구오십□	칠구육십삼	팔구칠□	구〃팔십일
오팔사십	육팔사십팔	칠팔오십육	팔〃육십사
사칠이십팔	오□삼십오	육칠사십이	칠〃사십구
□□십팔	사육이십□	오육삼십	육〃삼십육
□□□	삼오십오	사오이십	오〃이십오

4. 앙부일구 시계 보는 법

세종대왕은 글자를 모르는 백성들을 위해 한글을 만들었어요. 뿐만 아니라 백성들이 농사 짓는 데 도움을 주기 위해 해시계, 물시계, 측우기 등의 과학기기를 만들었죠. 그 중 앙부일구는 장영실이라는 학자에게 그림자를 보고 시각을 알 수 있도록 만들라고 한 시계랍니다.

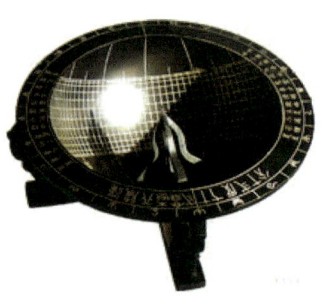

앙부일구(해시계)

앙부일구는 해가 떴을 때 생기는 그림자의 방향과 길이를 보고 시간을 읽을 수 있게 만들었어요. 그리고 그 둘레에는 쥐, 소, 호랑이, 토끼, 용, 뱀, 말, 양, 원숭이, 닭, 개, 돼지의 열두 동물이 그려져 있어요.

글을 모르는 백성들도 동물을 보고 시각을 알 수 있게 한 것이지요.

앙부일구는 하루 24시간을 12개의 칸으로 나누고 칸마다 동물의 이름을 붙여 시간을 나타냈어요. 각 동물이 나타내는 시각은 다음과 같아요.

동물	쥐	소	호랑이	토끼	용	뱀
시각 이름	자시	축시	인시	묘시	진시	사시
시각	23시 ~ 1시	1시 ~ 3시	3시 ~ 5시	5시 ~ 7시	7시 ~ 9시	9시 ~ 11시

동물	말	양	원숭이	닭	개	돼지
시각 이름	오시	미시	신시	유시	술해	해시
시각	11시 ~ 13시	13시 ~ 15시	15시 ~ 17시	17시 ~ 19시	19시 ~ 21시	21시 ~ 23시

도전 다음 이야기를 듣고 양부일구로는 몇 시, 어떤 동물에 해당하는지 알아보세요.

지우가 은결에게 경복궁에서 '오시'에 만나자고 했습니다. 은결도 오시에 만나서 점심을 먹고 같이 경복궁 구경도 하고 놀기로 했습니다. 양부일구로 '오시'는 몇 시부터 몇 시 사이이고, 어떤 동물에 해당할까요?

5. 일 년과 한 달의 비밀

❶ 기준에 따라 달라지는 연도

우리가 알고 있는 연도는 언제를 기원(기준이 되는 해)으로 삼느냐에 따라서 달라질 수 있어요. 그리고 부르는 이름도 다르지요.

서양에서는 예수님이 태어난 해를 기원으로 삼아 연도를 세요. 이 방법을 '서기'라고 불러요. 예를 들어, 서기 2020년은 예수님이 탄생한 지 2020년째 되는 해라는 뜻이랍니다. 하지만 예수님이 태어나기 전에도 사람들은 살고 있었어요. 그때를 가리킬 때에는 '기원전'이라는 말을 붙여서 나타낸답니다.

불기는 부처님이 돌아가신 해(기원전 544년)를 기원으로 삼아 연도를 세는 방법이에요. 기원전 544년을 기원으로 삼는다면, 서기 2020년은 기원전 544년과 기원후 2020년을 합하여 2564년이 지난 것이에요. 그래서 2020년은 불기 2564년이 됩니다.

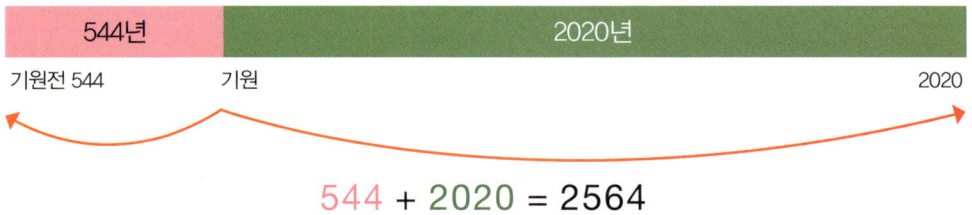

우리나라에서는 단군 할아버지가 왕이 된 해(기원전 2333년)를 기원으로 삼아 연도를 세기도 해요. 2020년은 기원전 2333년과 기원후 2020년을 합하여 단기 4353년이 되지요.

$$2333 + 2020 = 4353$$

이처럼 연도를 세는 방법은 언제를 기원으로 보느냐에 따라 달라질 수 있어요. 하지만 나라나 지역마다 서로 다르게 연도를 센다면 혼란이 생기겠지요? 그래서 전 세계적으로 서양에서 사용하는 '서기'를 사용하기로 약속을 했답니다.

> **도전** **보기** 처럼 나에게 의미 있는 해를 기원으로 정해 이름을 붙여 보세요. 올해는 그 방법으로 몇 년인지도 생각해 보세요.
>
> **보기**
>
> 세정이가 태어난 2009년을 기원으로 하고, 세정이라는 이름을 붙여 세정년이라고 합니다. 2009년은 세정 1년, 2010년은 세정 2년, 그리고 2020년은 세정 12년이 됩니다.

❷ 한 달의 날짜 수가 다른 이유

한 달의 날짜 수는 30일, 31일, 28일로 다양해요. 왜 그럴까요?

그것은 바로 고대 로마의 율리우스 시저라는 황제가 그렇게 정했기 때문이랍니다.

율리우스는 농사를 짓는데 날짜를 아는 것이 중요하다고 생각해서 달력을 만들었답니다. 그래서 농사를 시작하는 3월을 첫번째 달로, 농사를 마무리하는 2월을 마지막 달로 정했지요. 그리고 중요한 달은 31일로, 그렇게 중요하지 않은 달은 30일로 정했어요.

내 이름을 딴 7월은 특별히 31일로 만들어라!

율리우스 자신의 이름을 본 딴 7월(July)을 비롯해서 3, 5, 7, 9, 11, 1월을 31일로 정하고, 나머지 4, 6, 8 10, 12, 2월은 30일로 정했지요. 하지만 이렇게 정하고 나니 모두 366일이 되었어요. 365일을 만들기 위해 마지막 달인 2월에서 하루를 빼 29일로 만들었지요.

월	3월	4월	5월	6월	7월	8월
일수	31	30	31	30	31	30

월	9월	10월	11월	12월	1월	2월
일수	31	30	31	30	31	29

율리우스 시저가 정한 월별 날짜 수

율리우스 시저 다음 황제인 아우구스투스도 자신이 태어난 8월(August)에 자신의 이름을 붙이고 하루를 늘려 31일로 만들고 싶었어요. 그래서 2월에서 하루를 더 빼 28일을 만들고 8월을 31일로 만들었지요.

그런데 8월을 31일로 만드니 7, 8, 9월이 모두 31일이 되기 때문에 9월, 11월을 30일로 10월, 12월을 31일로 정하게 돼요.

월	3월	4월	5월	6월	7월	8월
일수	31	30	31	30	31	31

월	9월	10월	11월	12월	1월	2월
일수	30	31	30	31	31	28

오늘날의 월별 날짜 수

이렇게 해서 오늘날의 월별 날짜 수가 정해진 것이지요.

하지만 이 달력도 태양의 움직임과 정확하게 맞지가 않았어요. 그래서 그레고리우스 교황은 4년에 한 번씩 2월을 29일로 하루를 더해서 그 차이를 줄이려고 했답니다. 4년에 한 번, 2월에 29일까지 있는 해를 '윤년'이라고 부른답니다.

도전 2020년은 2월이 29일까지 있는 윤년입니다. 윤년은 4년마다 찾아오는데 그 다음의 윤년은 몇 년도가 될까요?

학교 수학
어려움은 빼야지!

1. 모으기와 가르기로 계산하기

수는 여러 가지 방법으로 모으거나 가를 수 있어요. 1학년 때 수를 모으거나 가르기를 했었지요. 예를 들어, 10은 1과 9, 2와 8, 3과 7 등의 두 수로 가르기를 할 수도 있고, 또한 1과 1과 8로, 1과 2와 7처럼 세 수로 가르기를 할 수도 있어요. 그리고 이처럼 가르기 한 수들을 모을 수도 있고요.

이때, 어떤 한 수를 가르기 한 후에 그 가른 수들을 모두 모으기를 하면 처음에 있던 수가 되어야겠지요.

그리고 여러분은 1학년 때 모으기와 가르기를 덧셈과 뺄셈을 할 때 사용했어요. 예를 들어, 9+5를 할 때 5를 1과 4로 가르기를 한 후, 9+1를 해서 10을 구하고 10에 4를 더해서 14를 구했어요. 17-9의 뺄셈을 할 때도, 9를 7과 2로 가르기를 한 후, 17-7을 하고, 그 결과인 10에서 남아 있는 2를 빼서 8을 구했어요. 물론 이 덧셈과 뺄셈은 다른 방법으로도 할 수 있지요.

여기서 우리가 생각해야 할 것은 5를 1과 4, 2와 3 등으로 가르기를 할 수 있는데, 왜 1과 4로 가르기를 한 것일까요? 바로 덧셈을 하면서 몇 십을 만들기 위해서입니다.

한 수를 여러 가지 방법으로 가르기 할 수 있어요. 하지만 그 중에 상황에 적절한 한 가지 방법의 가르기를 선택해야 하지요. 이처럼 우리가 늘 생각해야 하는 것은 여러 가지 방법 중 주어진 상황에 적절한 한 가지 방법을 선택하는 것이에요.

2학년에서도 1학년 때 했던 덧셈과 뺄셈을 계속해요. 다만 덧셈과 뺄셈을 하는 수들이 커졌어요. 그런데 걱정하지 않아도 돼요. 1학년 때 사용한 모으기와 가르기를 이때도 유용하게 사용할 수 있어요. 수를 모으거나 가르기를 하면 큰 수도 쉽게 계산할 수 있지요.

큰 수를 더할 때는 십의 자리 수와 일의 자리 수로 가르기 하고, 같은 자리 수끼리 더하고, 구한 수들을 더하면 되지요.

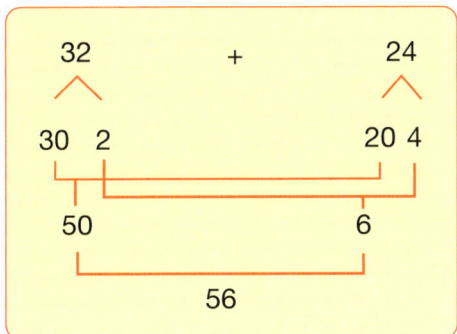

십의 자리 수는 십의 자리끼리, 일의 자리 수는 일의 자리끼리 더할 수 있어요.

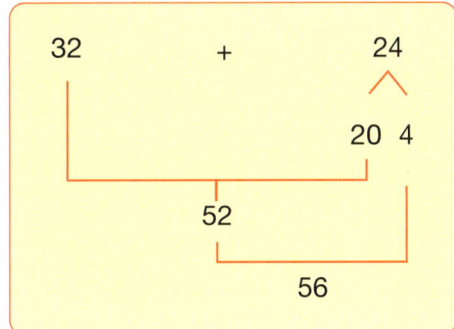

두 수 중 한 수에 몇 십을 더하고, 일의 자리 수를 더할 수도 있어요.

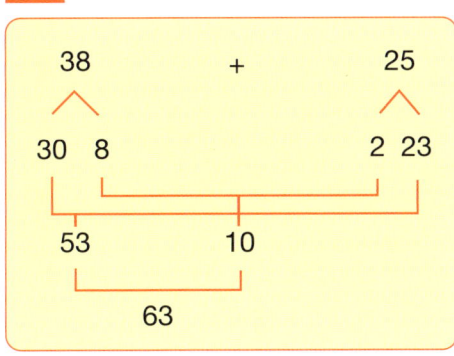

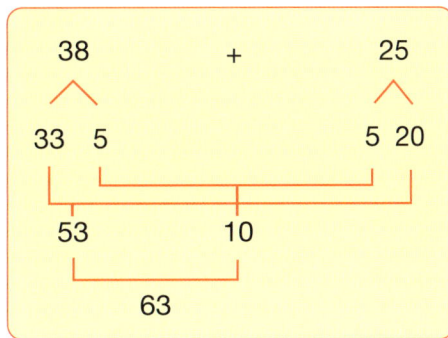

일의 자리 수를 더 작은 수들로 가르기 해서 10을 만들 수도 있어요.

도전 1 다음 덧셈식을 여러 가지 방법으로 모으기와 가르기 하여 계산해 보세요.

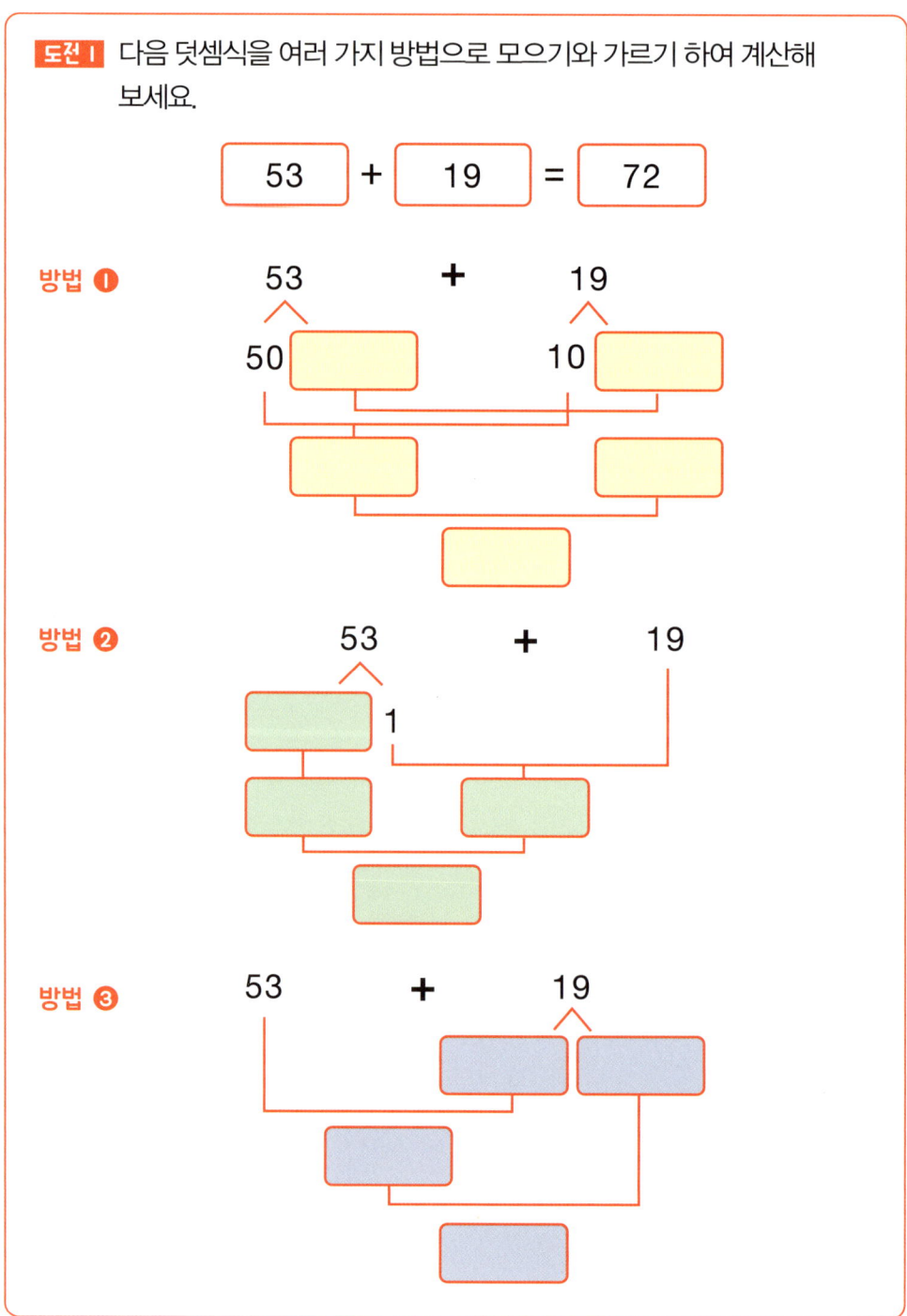

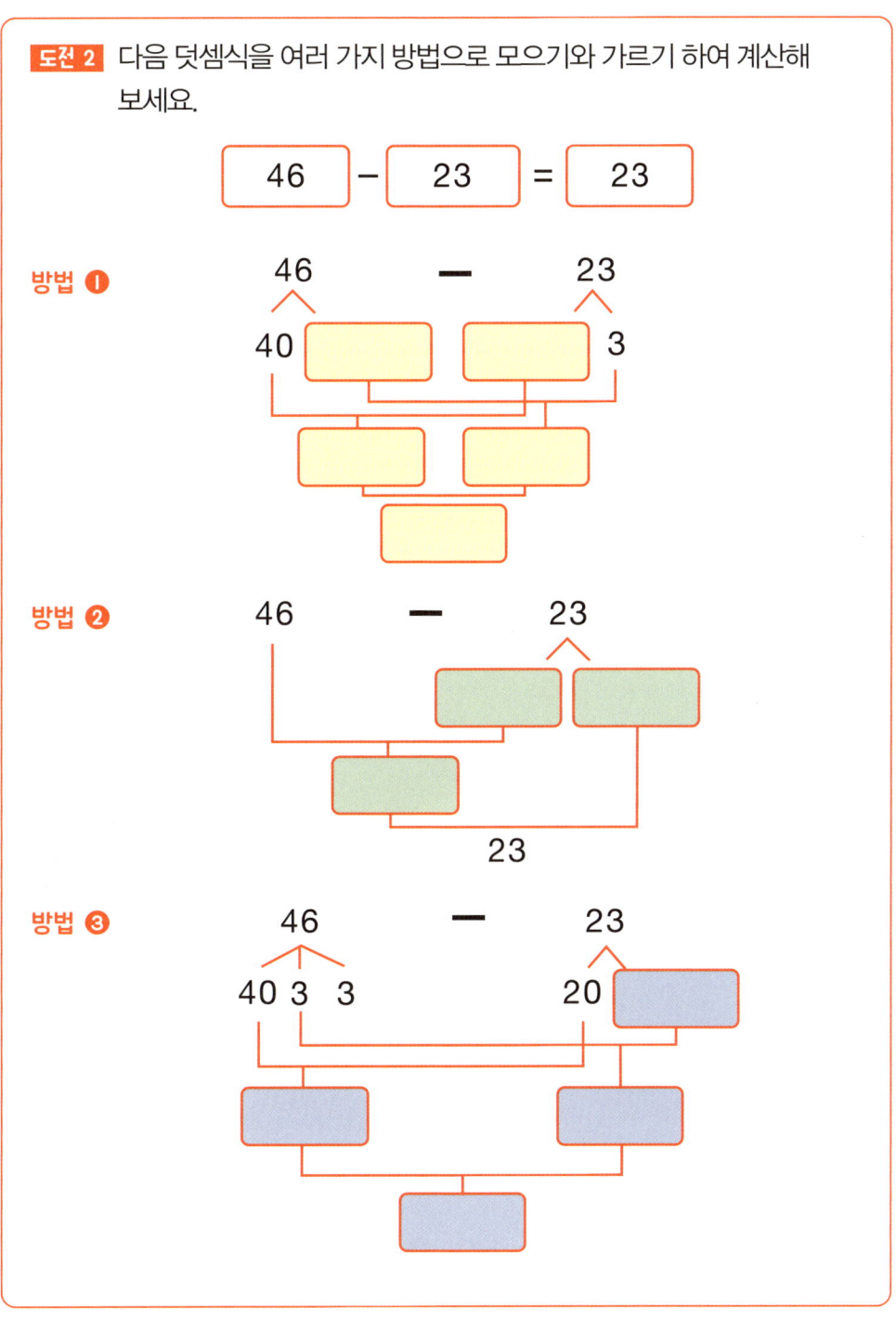

2. 등호와 등식

❶ 등호의 의미는?

수학에서 식이란 '수'나 '기호'를 사용하여 나타낸 것을 말해요. 특히 어떤 기호를 사용하였느냐에 따라서 덧셈식, 뺄셈식, 곱셈식, 나눗셈식이라고 부르기도 해요. 또한 등호(=)가 사용된 식은 '등식', 부등호(〉, 〈)가 사용된 식은 '부등식'이라고 부르지요.

그런데 많은 사람들이 등호를 보면 '답을 구하시오'라는 뜻으로 생각해요. 사실 등호는 등호의 왼쪽과 등호의 오른쪽의 값이 같다는 뜻이지요.

도전 빈 칸에 1부터 9까지의 수를 한 번씩만 사용해서 등식을 만들어 보세요.

❶ ☐ + ☐ + ☐ = 10   ❷ ☐ + ☐ − ☐ = 10

❸ ☐ × ☐ + ☐ = 50   ❹ ☐ × ☐ − ☐ = 50

❷ 등호의 왼쪽과 오른쪽을 같게

등식과 관련해서 조금 더 재미있는 덧셈식을 생각해 볼까요?

$$8 + 4 = \square + 7$$

이 등식을 보고 많은 초등학교 학생들이 답을 12 또는 19라고 적었답니다. 여러분도 이 생각이 맞다고 생각하나요?

앞에서 설명한 것처럼 '='의 왼쪽에 있는 값과 오른쪽에 있는 값이 같아야 해요. 그러면 왼쪽에 있는 값은 12이고, 오른쪽이 12와 같아지려면 □에는 5가 있어야 해요. 그래야 5+7=12로 왼쪽과 오른쪽이 같아지지요. 그래서 답은 5예요.

$$8 + 4 = \square + 7$$
$$12 = 12$$
$$12 = 5 + 7$$

그런데 덧셈을 계산하지 않고도 가르기를 하여 5라는 답을 구할 수 있어요. 여러분도 덧셈을 하지 않고 답을 구해 보세요. 답을 구했다면 아래의 설명을 읽어 보면서 자신의 방법과 어떻게 다른지 또는 같은지 비교해 보세요.

등호(=)의 왼쪽에 있는 값과 오른쪽에 있는 값이 같아야 하는데, 왼쪽에는 8이 있고 오른쪽에는 8보다 1 작은 7이 있네요. 그리고 왼쪽에는 4가 있고 오른쪽에는 □가 있어요. 그러면 7이 8보다 1 작은 수이니까 □는 4보다 1 큰 수인 5가 있어야 왼쪽에 있는 덧셈의 값과 오른쪽에 있는 덧셈의 값이 같아지겠지요. 그래서 답이 5입니다.

$$8 + 4 = \square + 7$$

$$8 + 4 = \square + 8 - 1$$

$$8 + 4 = 8 + \square - 1$$

$$4 = \square - 1$$

$$\square = 5$$

도전 등식의 개념을 이용해서 모으기와 가르기를 하여 □ 값을 구해 보세요.

❶ $9 + 7 = \square + 8$

❷ $8 + 0 = 5 + \square$

❸ $57 + 86 = \square + 84$

❹ $37 + 56 = 39 + \square$

3. 다양한 규칙 찾기

❶ 반복되는 규칙

우리 주변에는 반복되는 규칙을 가진 것들이 많아요.

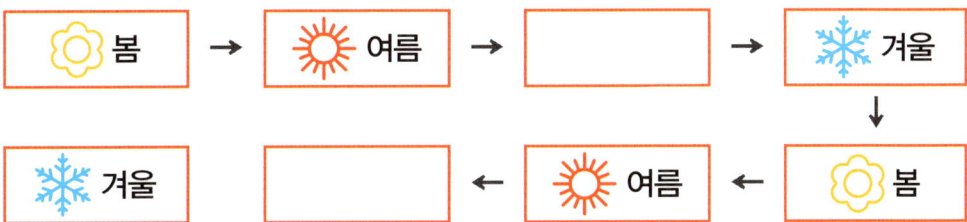

1년은 봄, 여름, 가을, 겨울을 거쳐 다시 봄, 여름, 가을, 겨울로 반복이 돼요. 따라서 빈 칸에는 여름 다음의 계절인 가을이 들어갈 수 있겠지요.

도전 1 반복되는 규칙을 찾아 빈칸에 들어갈 말을 넣어보세요.

❶ 10분 – 20분 – 30분 – 40분 – ☐ – 정각 – 10분 – 20분 – 30분 – 40분 – 50분 – 정각

❷ 월 – 화 – 수 – 목 – 금 – 토 – 일 – 월 – 화 – 수 – 목 – 금 – 토 – 일 – ☐ – 화 – 수 – 목

❸ 도 – 레 – 미 – 레 – 도 – 레 – 미 – 파 – 미 – 레 – 도 – 레 – 미 – 파 – 솔 – ☐ – 미 – 레 – 도 …

도전 2 나만의 반복되는 규칙을 만들어 보세요.

❷ 특별한 규칙

세상에는 반복되는 규칙 말고 다양한 규칙이 있어요.

$$3-6-9-13-16-19-23$$
$$-26-29-\boxed{}-36-39-\cdots$$

 이 수들은 어떤 특별한 규칙을 가지고 있을까요? 먼저 일의 자리 숫자를 살펴보면 3, 6, 9가 반복되고 있어요. 이번에는 십의 자리 숫자를 살펴볼까요? 십의 자리 숫자는 0, 0, 0, 1, 1, 1, 2, 2, 2로 반복되고 있네요. 그렇다면 빈 칸에 올 숫자는 일의 자리 숫자가 3, 십의 자리 숫자 3이므로 답은 33이에요.

도전 규칙을 찾아 빈 칸에 들어갈 수를 써 보세요.

❶ 2 - 3 - 5 - 8 - 12 - 17 - 23 - 30 - 38 - ☐ - 57

❷ 1 - 4 - 9 - 16 - 25 - 36 - 49 - ☐ - 81 - 100

❸ 1 - 1 - 2 - 3 - 5 - 8 - 13 - 21 - 34 - ☐ - 89

❸ 쌓기나무 규칙

주어진 쌓기나무에서도 규칙을 찾을 수 있어요. 다음 그림을 보면서 어떤 규칙이 숨어 있는지 찾아보세요.

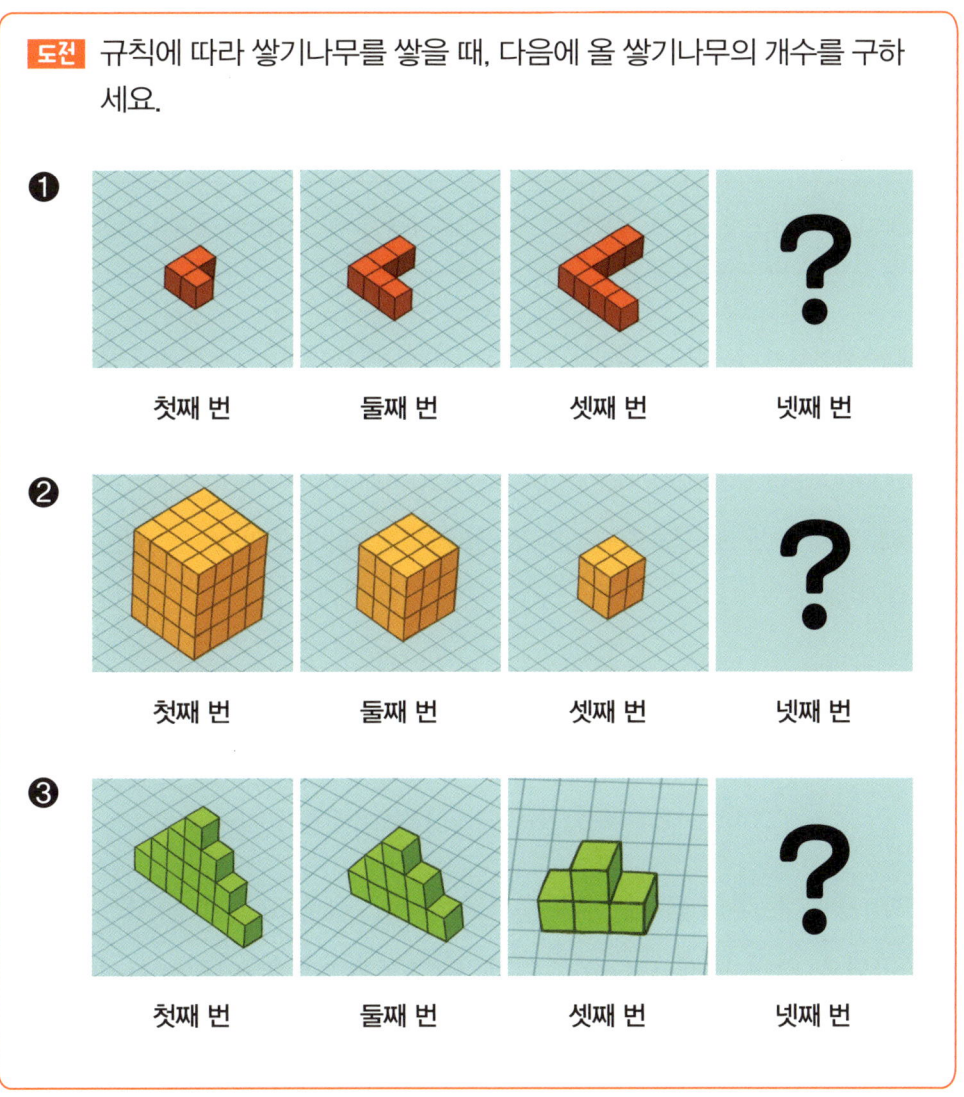

도전 규칙에 따라 쌓기나무를 쌓을 때, 다음에 올 쌓기나무의 개수를 구하세요.

4. 곱셈의 성질

❶ 세 가지 곱셈의 성질

자연수로 곱셈을 할 때 곱셈의 성질을 이용하면 구구단을 외우지 않고도 쉽게 답을 찾을 수 있어요.

첫째, 모든 수에 0을 곱하면 그 곱은 0이 돼요. 즉, 0단의 곱은 모두 0입니다.

> 1×0=0, 2×0=0, 3×0=0, 4×0=0, 5×0=0, 6×0=0, 7×0=0, 8×0=0, 9×0=0

물론 0×0=0입니다. 0을 곱한다는 것은, 예를 들어 1×0은 1개 묶음이 하나도 없다는 것을 뜻해요. 그러므로 그 곱은 0이지요. 따라서 10000000000000000000000000000000000000000×0도 0이지요.

둘째, 모든 수에 1을 곱하면 그 수가 곱이 돼요. 즉, 1단의 곱은 모두 곱해지는 수가 돼요.

> 1×1=1, 2×1=2, 3×1=3, 4×1=4, 5×1=5, 6×1=6, 7×1=7, 8×1=8, 9×1=9

그러면, 123456789×1도 123456789입니다.

셋째, 곱해지는 수와 곱하는 수의 순서를 바꾸어 계산해도 곱은 같아요.

구구단을 외워 보면 2×3이 6이고 3×2도 6이에요. 이것처럼 곱해지는 수와 곱하는 수의 순서를 바꿔도 곱은 같다는 것을 알 수 있어요.

❷ 곱셈의 성질을 이용해 곱셈표 완성하기

곱셈표를 스스로 만들어 본 적이 있나요? 채워 넣어야 할 칸의 수는 100개예요. 100개라고 하니 너무 많다는 생각이 드나요? 아주 쉽게 할 수 있으니 아래 설명을 따라해 보세요.

(1) 0을 곱하면 0이 되는 성질을 이용해서 빨간색으로 곱을 적었어요. 100개 중에 벌써 19개 칸을 채웠어요.

×	0	1	2	3	4	5	6	7	8	9
0	0	0	0	0	0	0	0	0	0	0
1	0	1	2	3	4	5	6	7	8	9
2	0	2	4							
3	0	3		9						
4	0	4			16					
5	0	5	10	15	20	25				
6	0	6				30	36			
7	0	7				35		49		
8	0	8				40			64	
9	0	9				45				81

(2) 1을 곱하면 원래의 수가 되는 성질을 이용해서 주황색으로 곱을 적었어요. 17개 칸을 채웠으니 벌써 모두 36개 칸을 채운 셈이에요. 이제 남은 칸은 100-36=64. 즉 64개 칸이 남았어요.

(3) 이제는 같은 두 수의 곱들, 즉 2×2, 3×3, ... , 9×9를 파란색으로 적었어요. 8개 칸을 채웠으니, 모두 44개 칸을 채웠어요.

(4) 아직도 채워야 할 칸이 많이 남았다고요? "곱해지는 수와 곱하는 수의 순서를 바꾸어 계산해도 곱은 같다"는 성질을 이용하면 우리가 실제로 채워야 할 칸의 수는 남은 56개 칸의 반이에요. 즉, 28칸만 더 채우면 여러분은 곱셈표를 완성한 것이나 마찬가지랍니다.

(5) 곱해지는 수 또는 곱하는 수에 5가 있는 곱셈의 곱을 초록색으로 적었어요. 이제 7개 칸을 채웠으니 21칸이 남았어요.

도전 나머지 칸을 채워 곱셈표를 완성해 보세요.

×	0	1	2	3	4	5	6	7	8	9
0	0	0	0	0	0	0	0	0	0	0
1	0	1	2	3	4	5	6	7	8	9
2	0	2	4							
3	0	3		9						
4	0	4			16	20				
5	0	5	10	15	20	25				
6	0	6				30	36			
7	0	7				35		49		
8	0	8				40			64	
9	0	9				45				81

❸ 곱셈 가르기

우리는 곱셈을 같은 수의 덧셈을 여러 번 하는 것으로 알고 있어요. 그런데 곱셈도 가르기를 해서 곱셈과 덧셈이 함께 있는 식으로 나타낼 수 있답니다. 곱셈을 (곱셈과 덧셈)으로 표현해 볼까요?

3×4로 예를 들어 설명해 볼게요. 3×4는 3개씩 4묶음을 뜻해요.

그런데 4를 (3과 1), (2와 2) 등으로 가르기 할 수 있듯이, 3개씩 4묶음도 아래 그림처럼 3개씩 (1묶음과 3묶음), 3개씩 (2묶음과 2묶음), 3개씩 (3묶음과 1묶음)으로 가르기 할 수 있어요.

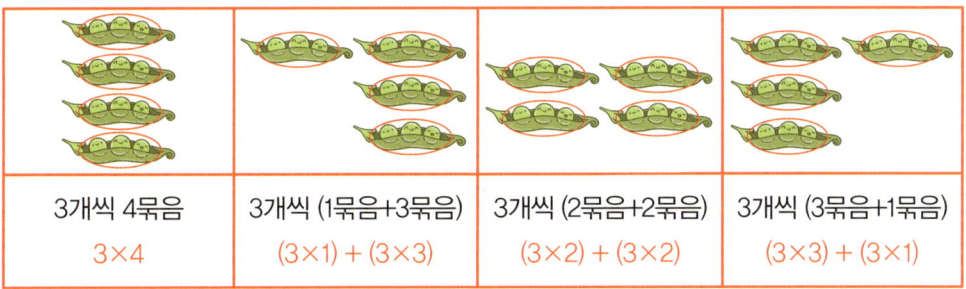

3개씩 4묶음	3개씩 (1묶음+3묶음)	3개씩 (2묶음+2묶음)	3개씩 (3묶음+1묶음)
3×4	(3×1) + (3×3)	(3×2) + (3×2)	(3×3) + (3×1)

이것을 더 간단한 식으로 표현하면, 3×4는 3개짜리가 (1+3)개 만큼 있으니 3×4=3×(1+3)으로, 3개짜리가 (2+2)개 만큼 있으니 3×4=3×(2+2)으로, 3개짜리가 (3+1)개 만큼 있으니 3×4=3×(3+1)으로 표현할 수 있어요.

3개씩 4묶음	3개 짜리가 (1+3)개	3개 짜리가 (2+2)개	3개 짜리가 (3+1)개
3×4	3×(1+3)	3×(2+2)	3×(3+1)

덧셈을 할 때 모으기와 가르기를 하면서 했던 것처럼, 곱셈도 모으기와 가르기를 해서 할 수 있다는 것이 재미있지 않나요?

이처럼 수학은 서로 서로 연결되어 있어요. 이런 연결을 잘 이해하면 할수록 수학을 재미있고 쉽게 공부할 수 있어요.

> **도전** 6×5를 가르기 해서 곱셈과 덧셈이 함께 있는 식으로 나타내는 과정을 그림을 참고해서 써 보세요

6×5

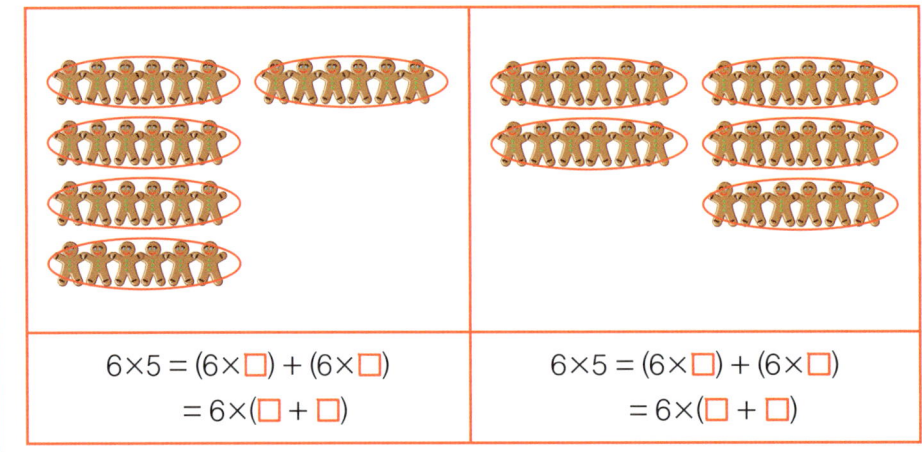

6×5 = (6×□) + (6×□)
　　 = 6×(□ + □)

6×5 = (6×□) + (6×□)
　　 = 6×(□ + □)

❹ 세 수 곱하기

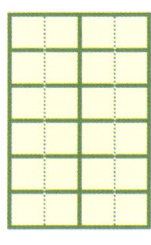

두 수의 곱을 그림으로 나타내 볼까요? 먼저 4칸씩 6줄이 있으니 4×6이라고 나타낼 수 있어요.

이번에는 칸을 2개씩 묶어서 세어 보겠습니다. 그림처럼 2개씩 묶으면 2칸이(▭) 2묶음씩 (▭▭) 모두 6줄이 있네요.

이것을 곱셈식으로 나타내면 2×2×6이에요. 이 식(2×2×6)을 조금 더 쉽게 풀어서 적으면 (2×2)+(2×2)+(2×2)+(2×2)+(2×2)+(2×2)이에요. 즉, 그림에서 볼 수 있듯이, (2×2)가 6번 있습니다. 그러니까 (2×2)×6이라고 할 수 있지요.

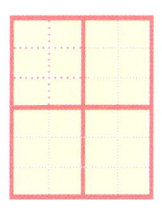

4×6을 또 다른 세 수의 곱으로 나타내 볼까요? 이번에는 그림처럼 6개씩(▦) 묶어서 세어 봐요. 6개(▦) 안에는 2칸이(▭) 3줄이 있으니까 2×3이고, 2칸씩 3줄이(▦) 4묶음이 있으니까 2×3×4라고도 할 수 있겠네요.

그래서 4×6은 2×2×6과도 같고 2×3×4와도 같다고 할 수 있지요.

> **도전** 위와 같은 방법으로 아래 그림을 세 수의 곱으로 나타내어 보세요.

5. 문제 완성하기

여러분은 수학 문제를 만들어 본 적이 있나요? 정답을 찾으려면 어떤 조건이 더 필요할까요? 보기 에서 괄호 안에는 어떤 조건을 넣어야 할지 생각해 보세요.

보기
- 6으로 뛰어 셀 수 있습니다.
- 십의 자리 숫자는 3입니다.
- (   )

정답 **36**

이 문제는 정답이 36이 되도록 필요한 조건을 만드는 문제입니다. 이 문제를 해결하기 위해서는 이미 주어진 두 가지 조건에 맞는 수를 찾아야 합니다.

첫 번째 조건인 '6으로 뛰어 셀 수 있다'에 따라 6으로 뛰어 세면 6, 12, 18, 24, 30, 36, 42… 등 입니다.

이 수 중에서 두 번째 조건인 '십의 자리 숫자가 3'인 수는 30과 36입니다. 따라서 정답이 되는 36만 선택할 수 있으려면 '35보다 크다', '일의 자리 숫자가 6이다', '4로 뛰어 셀 수 있다', '9로 뛰어 셀 수 있다' 등의 조건을 더해 주어야겠지요.

도전 이제 여러분이 직접 조건을 만들어 볼까요?

1

- 7씩 묶어 셀 수 있습니다.
- 15보다 작습니다.
- (   )

정답 14

2

- 6의 단 곱셈 구구로 나타낼 수 있습니다.
- 8의 단 곱셈 구구로 나타낼 수 있습니다.
- (   )

정답 48

3

- 일의 자리 숫자와 십의 자리 숫자의 곱은 18입니다.
- 이 수는 40보다 작습니다.
- (   )

정답 29

4

- 9씩 묶어 셀 수 있습니다.
- 두 자리 수입니다.
- (   )

정답 90

추론 수학
같은 것을 찾아라!

1. 귀납추론

❶ 반복되는 규칙 찾기

세상에는 규칙적으로 나타나는 것이 많이 있어요. 주어진 것에서 어떤 규칙이 있는지 찾고, 그 규칙을 따른다면 10번째에는 어떤 것이 올지 생각해 보세요.

가다	멈추다	보다	가다	멈추다	보다	...	
1	2	3	4	5	6		10

가다, 멈추다, 보다가 3개씩 반복되는 규칙이므로 10번째는 '가다'예요.

5	55	555	5555	55555	...	
1	2	3	4	5		10

5가 한 자리씩 늘어나므로 10번째는 5가 10개 있는 '5555555555'예요.

1	3	5	7	9	11	...	
1	2	3	4	5	6		10

1부터 2씩 늘어나므로 10번째는 '19'가 돼요.

> **도전** 10번째 칸에는 어떤 도형이 들어가야 할까요?
>
> | 삼각형 | 사각형 | 오각형 | 육각형 | 칠각형 | ... | |
> |---|---|---|---|---|---|---|
> | 1 | 2 | 3 | 4 | 5 | | 10 |

❷ 같은 특징 찾기

보기 의 왼쪽에 있는 것은 강이나 바다처럼 물 위를 이동하는 교통수단입니다. 오른쪽에서 제시된 예들 중에서 이와 같은 성질을 갖는 것은 바로 뗏목이에요.

아래 보기 처럼 왼쪽에 있는 세 개의 사물과 특징이 같은 것을 오른쪽에 있는 것 중에서 찾아보세요.

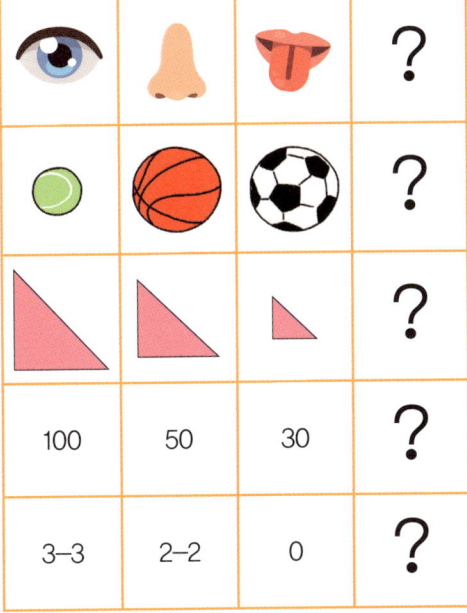

❸ 계산기로 규칙 찾기

계산기를 이용해서 곱셈을 해 보니 다음과 같은 답이 나왔어요. 규칙을 찾아서 다음에 올 수를 예상해 보세요.

12345679 X 9 = 111111111
12345679 X 18 = 222222222
12345679 X 27 = 333333333
12345679 X 36 = 444444444
12345679 X 45 = 555555555
12345679 X 54 = 666666666
12345679 X 63 =
12345679 X 72 =

1 X 1 = 1
11 X 11 = 121
111 X 111 = 12321
1111 X 1111 = 1234321
11111 X 11111 = 123454321
111111 X 111111 = 12345654321
1111111 X 1111111 =
11111111 X 11111111 =

❹ 수의 관계 추리하기

연속한 세 수의 합에서 어떤 관계를 찾을 수 있어요. 아래 설명을 차례대로 읽어 보세요.

1	2	3	4	5	6	7	8	9	10
11	12	13	14	15	16	17	18	19	20
21	22	23	24	25	26	27	28	29	30
31	32	33	34	35	36	37	38	39	40
41	42	43	44	45	46	47	48	49	50

11+12+13은 다음과 같이 나타낼 수 있어요.

11+12+(12+1)　　(11+1)+12+12　　12+12+12
12×3

24+25+26은 다음과 같이 나타낼 수 있어요.

24+25+26+(1-1)　　(24+1)+25+(26-1)　　25+25+25
25×3

48+49+50은 다음과 같이 나타낼 수 있어요.

48+49+(49+1)　　(48+1)+49+49　　49+49+49
49×3

이렇게 연속으로 있는 세 수는 가운데 있는 수보다 1 작은 수, 가운데 수, 가운데 있는 수보다 1 큰 수로 바꾸어 나타낼 수 있기 때문에 가운데 있는 수의 3배와 같아요

> 연속한 세 수의 합은 가운데 있는 수의 3배와 같다.

그렇다면 연속한 다섯 수의 합은 어떨까요? 세 수의 합과 마찬가지로 가운데 있는 수를 5배 하면 된답니다.

도전 연속한 다섯 개의 수 1+2+3+4+5를 곱셈을 이용해서 풀어 보세요.

2. 유비추론

❶ 짝꿍 말을 찾아요

크다 : 작다 = 높다 : ☐

'크다'와 '작다'는 서로 반대의 뜻을 나타내지요. 그렇다면 '높다'의 반대의 뜻을 나타내는 말은 무엇일까요? 바로 '낮다'이지요. 이렇게 '크다'와 '작다'가 서로 반대의 뜻을 나타내는 것처럼, '높다'와 '낮다'를 서로 반대의 뜻을 나타낼 때, 서로 짝을 나타내는 짝꿍 말이라고 할 수 있어요.

이번에는 다른 짝꿍 말을 찾아볼까요?

가을 : 단풍 = ☐ : 새싹

가을에는 단풍이 집니다. 그렇다면 새싹은 언제 자랄까요? 봄에 새싹이 트지요. '가을'에 지는 '단풍'과 '봄'에 피는 '새싹'은 서로 짝이 되는 짝꿍 말이에요.

> **도전** 이번에는 여러분이 직접 짝꿍 말이 되도록 만들어 보세요.
>
> ❶ 강아지 : ☐ = 개 : ☐
>
> ❷ 하늘 : 바다 = ☐ : ☐

❷ 짝꿍 수를 찾아요

$$842 : 248 = 369 : \boxed{}$$

'='의 왼쪽에 있는 두 수를 잘 살펴보세요. 십의 자리 숫자는 그대로 있고, 백의 자리 숫자와 일의 자리 숫자가 바뀌었다는 걸 알 수 있어요. 따라서 369의 짝꿍 수는 963이 되지요.

$$11111 : 1111111 = \boxed{} : 4444444$$

한 번 더 살펴볼까요? '='를 중심으로 왼쪽의 두 번째 값과 오른쪽의 두 번째 값이 7자리 수로 자리 값이 같고, 모두 같은 수로 이루어져 있지요. 따라서 오른쪽의 첫 번째 수도 왼쪽의 첫 번째 수처럼 5자리 수여야 하고 각 자리 값이 같으므로 4444444의 짝꿍 수는 44444이지요.

도전 1 주어진 수들의 관계를 살펴본 뒤, 빈칸에 알맞은 수를 적어 보세요.

❶ $\boxed{} : 25 = 7 : 35$ ❷ $1221 : \boxed{} = 3663 : 4884$

도전 2 주어진 수들의 관계를 살펴본 뒤, 빈칸에 알맞은 수를 적어 보세요.

❶ $36 : \boxed{} = 6 : \boxed{}$ ❷ $100 : \boxed{} = \boxed{} : \boxed{}$

3. 연역추론

❶ 논리적으로 생각하기

아래 주어진 사실을 보고 가장 올바르게 말한 것을 골라서 ○표 하세요.

> **보기**
> - 우리나라에는 4계절이 있다.
> - 우리나라에는 산이 많다.
> - 혜수는 우리나라에 산다.
>
> ① 모든 나라에는 산이 많다.　　　(　　　　)
> ② 혜수가 사는 곳은 4계절이 있다. (　○　)
> ③ 혜수가 사는 곳은 강이 많다.　　(　　　　)
>
> ① 우리나라에 산이 많다고 했으므로 모든 나라에 산이 많다는 1번은 옳지 않아요.
> ② 우리나라에는 4계절이 있고, 혜수는 우리나라에 살고 있으니 1번 혜수가 사는 곳은 4계절이 있다고 말할 수 있어요.
> ③ 혜수가 사는 곳은 강이 많다는 것은 주어진 사실만으로는 알 수가 없어요.

> ① 모든 배는 물 위에 뜬다.
> ② 어떤 배는 자동차를 실을 수 있다.
> ③ 영민이는 배를 타고 낚시를 했다.

① 모든 배는 자동차를 실을 수 있다.　　(　　　)
② 영민이가 탄 배는 자동차를 실을 수 있다.　(　　　)
③ 영민이가 탄 배는 물 위에 뜬다.　　(　　　)

> • 모든 뱀은 다리가 없다.
> • 모든 도마뱀은 다리가 있다.
> • 정현이는 동물원에서 도마뱀을 보았다.

① 정현이가 본 도마뱀은 다리가 있다.　　(　　　)
② 다리가 없는 동물은 모두 뱀이다.　　(　　　)
③ 동물원에서는 뱀을 볼 수 있다.　　(　　　)

> • 4씩 묶을 수 있는 수는 4에 어떤 수를 곱한 수이다.
> • 20은 5에 어떤 수를 곱한 수이다.
> • 지민이는 장난감 자동차를 20개 가지고 있다.

① 지민이가 가진 장난감 자동차는 4개씩 담을 수 없다.　(　　　)
② 지민이가 가진 장난감 자동차는 5개씩 담을 수 없다.　(　　　)
③ 지민이가 가진 장난감 자동차는 4씩 뛰어 셀 수 없다.　(　　　)
④ 지민이가 가진 장난감 자동차는 4에 어떤 수를 곱한 수이다.　(　　　)

❷ 순서 추리하기

아래 설명을 읽고 학교에서 가까운 집에 사는 순서를 생각해 보세요.

- 재윤이네 집은 학교에서 가장 가깝습니다.
- 희준이네 집은 재윤이네 집과 현민이 집 사이에 있습니다.
- 가은이네 집은 현민이 집보다 학교에서 멀리 떨어져 있습니다.

설명을 통해 알 수 있는 사실을 정리하면 재윤, 희준, 현민, 가은 순서로 학교에서 가깝다는 걸 알 수 있어요. 직접 설명을 읽고 순서를 추리해 볼까요?

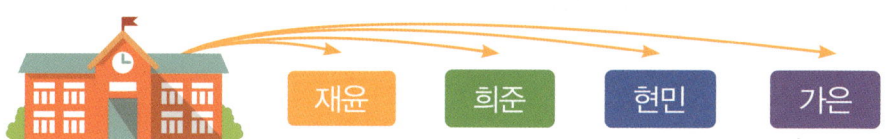

① 키가 작은 사람부터 순서대로 이름을 쓰세요.

> 예진 : 나는 형주보다 키가 커.
> 형주 : 어? 내가 다인이보다 작네?
> 다인 : 그래도 예진이가 나보다 크다.

② 이어달리기에서 먼저 들어온 순서대로 반 이름을 쓰세요.

> - 1반은 4반 다음으로 결승점에 들어왔습니다.
> - 5반은 2반과 3반 사이에 들어 왔습니다.
> - 3반 다음에는 4반이 들어왔습니다.

❸ 저울 보고 추리하기

아래 그림처럼 로봇, 인형, 미니 자동차, 세 장난감의 무게를 재 보았어요. 세 가지 장난감 중에 가장 무거운 것은 무엇일까요?

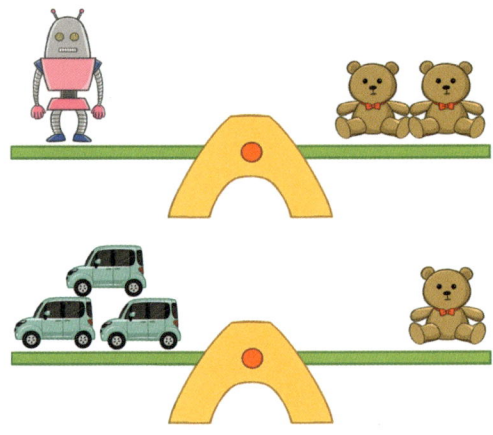

인형보다는 로봇이, 미니 자동차보다는 인형이 무겁다는 것을 알 수 있어요. 따라서 가장 무거운 장난감은 로봇이지요.

도전 보드게임, 공, 블록의 무게를 재 보았어요. 셋 중에서 가장 무거운 것은 무엇일까요?

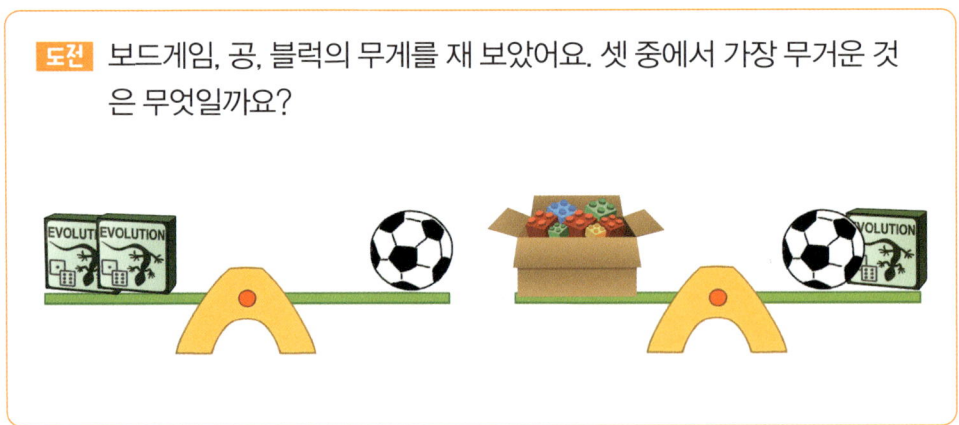

❹ 단서 보고 추리하기

주어진 단서를 하나씩 따지다 보면 범인일 가능성이 있는 사람을 찾을 수 있어요. 단서를 보고 치즈를 가져간 범인일 가능성이 있는 사람은 누구인지 찾아보세요.

- 엄마가 어제 밤 8시에서 10시 사이에 부엌을 비운 사이에 치즈가 없어졌으므로 범인은 밤 8시에서 10시 사이에 부엌에 들어왔다.
- 범인의 발자국을 보니 구두를 신었다.
- 범인은 선반 위에 있는 치즈를 가져갔으므로 선반의 높이인 1m보다 키가 크다.

| 승우 | 나는 7시부터 9시까지 태권도 학원에 있었어. 내 키는 140cm야. | 민하 | 내 키는 1m 32cm야. 나는 구두를 한 켤레도 가지고 있지 않아. |
| 제연 | 나는 어제 오후 5시 이후에 부엌에 간 적이 있어. 내 키는 95cm야. | 하나 | 나는 구두가 여러 켤레 있어. 나는 어제 하루 종일 할머니 댁에 있었어. |

도전 범인일 가능성이 있는 사람은 누구인가요? 그 이유는 무엇인가요?

다답 수학
답은 하나가 아니야!

1. 다양한 방법으로 나타내기

❶ 여러 가지 방법으로 20 만들기

20을 만드는 방법은 아주 다양해요. 덧셈이나 뺄셈, 곱셈을 이용해서 만들 수도 있고, 같은 수를 여러 번 더하거나 여러 번 빼서 만들 수도 있지요. 여러 가지 방법으로 숫자 20을 만들어 보세요.

① 덧셈을 이용해서 20을 만들어 보세요.

18+2			
7+7+6			

② 뺄셈을 이용해서 20을 만들어 보세요.

30-10			
23-3			

③ 또 다른 방법으로 20을 만들어 보세요.

15+15-10			
5×4			

❷ 여러 가지 방법으로 묶기

도너츠 10개를 똑같이 묶는 방법을 알아봅시다.

도너츠 10개를 2개씩 묶으면 5묶음을 만들 수 있어요.

도너츠 10개를 3개씩 묶으면 3묶음을 만들고 1개가 남아요.

도너츠 10개를 4개씩 묶으면 2묶음을 만들고 2개가 남아요.

도너츠 10개를 5개씩 묶으면 2묶음을 만들 수 있어요.

이처럼 도너츠 10개를 묶는 방법은 여러 가지가 있어요. 묶었을 때 남게 묶을 수도 있고, 남는 것이 없게 똑같이 묶을 수도 있어요.

1️⃣ 여러 가지 방법으로 사과 12개를 똑같이 묶어 보세요.

① 사과 12개를 1개씩 묶으면 12묶음을 만들 수 있어요.

②　_____●

③　_____●

④　_____●

⑤　_____●

2️⃣ 빵 18개를 똑같이 묶은 후 알맞은 곱셈식을 만들어 보세요.

① 1개씩 묶으면 18묶음이니까　[1] × [18] = 18

② 2개씩 묶으면 9묶음이니까　[　] × [　] = 18

③ 3개씩 묶으면 6묶음이니까　[　] × [　] = 18

④ 9개씩 묶으면 2묶음이니까　[　] × [　] = [　]

⑤ 5개씩 묶으면 3묶음과 3개가 남으니까　[　] × [　] + 3 = [　]

2. 다양한 규칙으로 나타내기

❶ 내가 만드는 규칙

여러 가지 규칙을 정해 애벌레의 무늬를 꾸며볼 수 있어요. 나만의 규칙을 만들어 애벌레의 무늬를 꾸며 봐요.

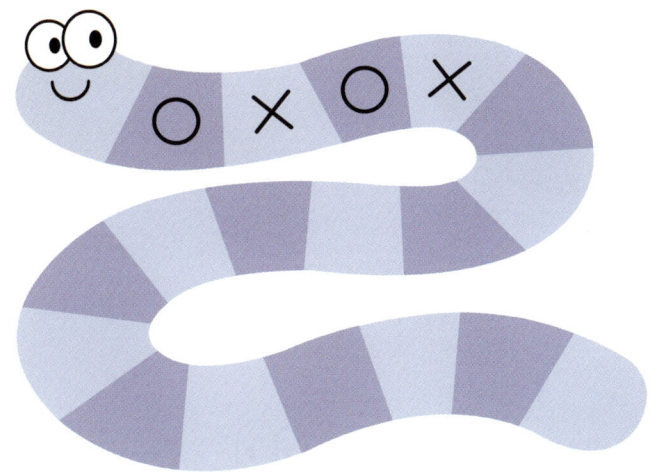

○×, ○×가 이미 앞에 나와 있으니 ○×, ○×를 반복할 수 있어요.

또는 ○×○× 다음에 새로운 무늬를 넣어서 반복되게 만들 수도 있지요. 예를 들면, ○×○×□, ○×○×□, ○×○×□ … 이렇게 만들 수도 있어요.

○×○× 다음에 나오는 무늬가 점점 늘어나게 만들 수도 있답니다.
○×○×□, ○×○×□☆, ○×○×□☆※, ○×○×□☆※◎, ○×○×□☆※◎♣….

그 밖에도 더 다양한 방법으로 규칙을 정할 수 있어요.

도전 여러분만의 규칙을 정해서 애벌레의 무늬를 완성해 보세요.

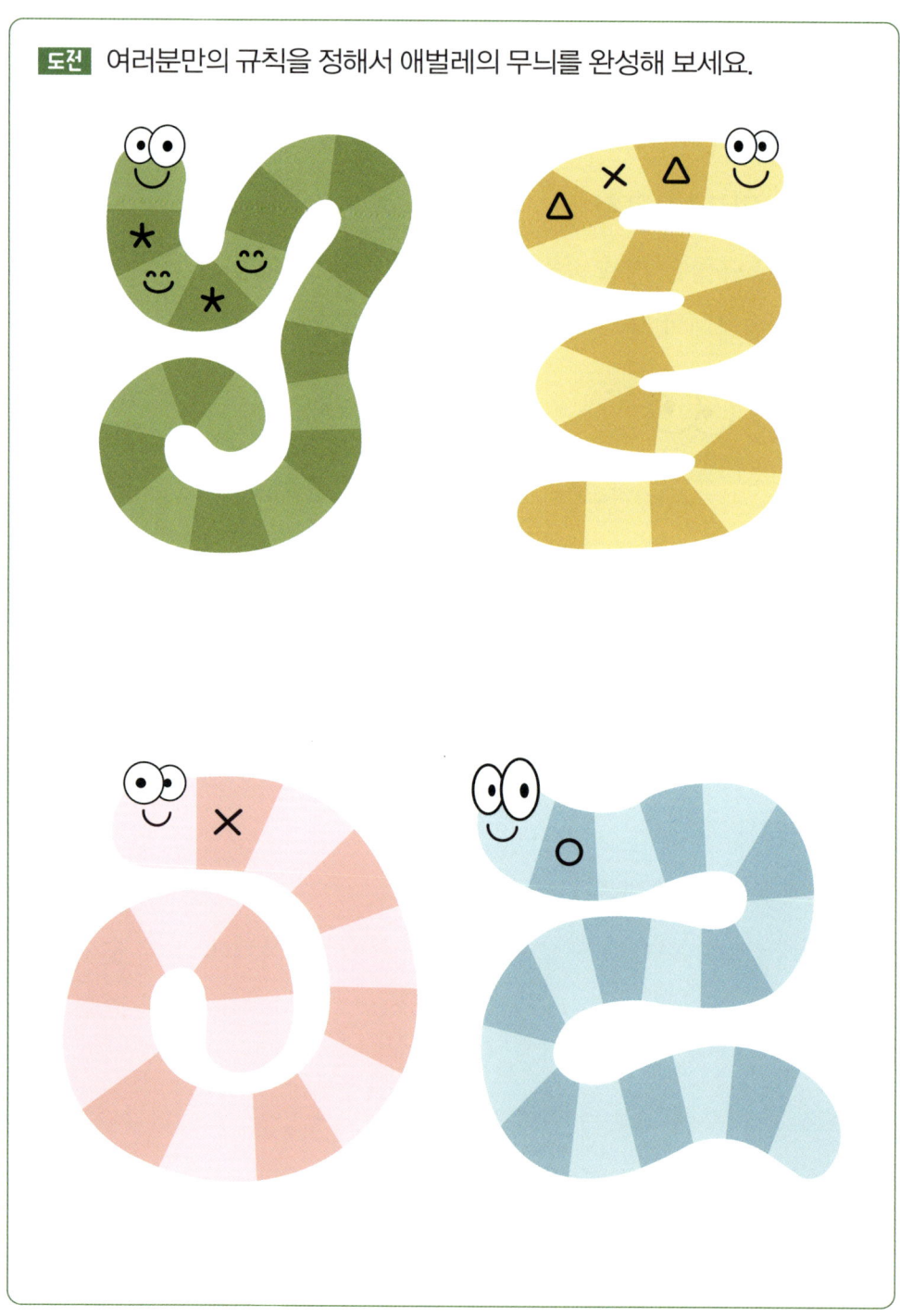

❷ 곱셈표에서 규칙 찾기

곱셈표를 가만히 보면, 이 안에서도 규칙을 찾을 수 있어요.

×	1	2	3	4	5	6	7	8	9
1	1	2	3	4	5	6	7	8	9
2	2	4	6	8	10	12	14	16	18
3	3	6	9	12	15	18	21	24	27
4	4	8	12	16	20	24	28	32	36
5	5	10	15	20	25	30	35	40	45
6	6	12	18	24	30	36	42	48	54
7	7	14	21	28	35	42	49	56	63
8	8	16	24	32	40	48	56	64	72
9	9	18	27	36	45	54	63	72	81

먼저 ➡ 방향으로 갈수록 숫자들이 어떻게 변하는지 설명해 봅시다.

- 3의 단은 3씩 커집니다.
- 4의 단은 일의 자리 숫자가 4, 8, 2, 6, 0으로 반복됩니다.
- 5의 단은 일의 자리 숫자가 5, 0이 반복됩니다.

숫자들이 ⬇ 방향으로 갈수록 어떻게 변하는지 설명해 봅시다.

- 2의 단은 일의 자리 숫자가 2, 4, 6, 8, 0이 반복됩니다.
- 6의 단은 일의 자리 숫자가 _____
- 9의 단은 일의 자리 숫자가 _____
- 9의 단은 십의 자리 숫자가 _____

3. 다양한 기준으로 나누기

❶ 수 나누기

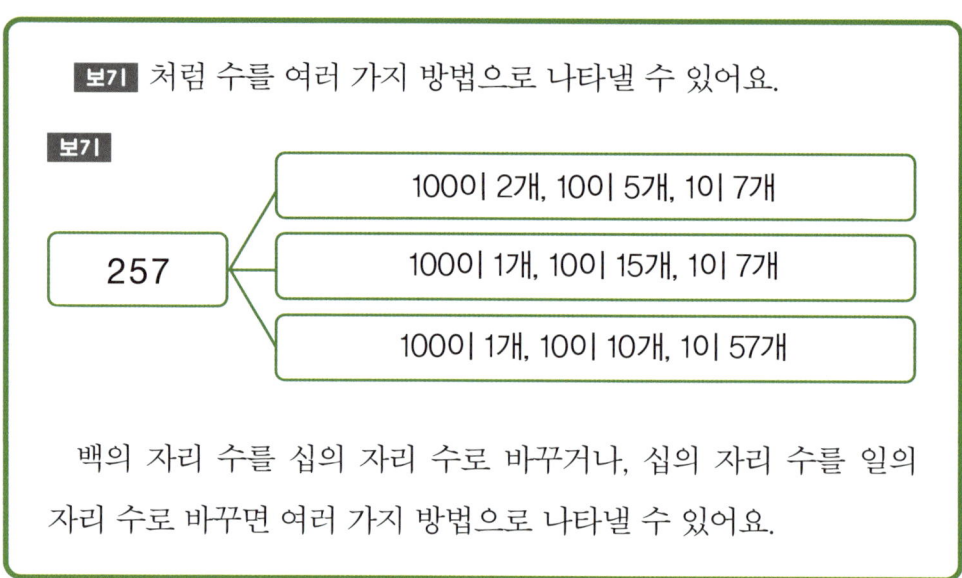

백의 자리 수를 십의 자리 수로 바꾸거나, 십의 자리 수를 일의 자리 수로 바꾸면 여러 가지 방법으로 나타낼 수 있어요.

3

880

4

109

5

500

❷ 똑같이 나누기

아래 보기 처럼 주어진 도형을 모양과 크기가 똑같게 나눌 수 있어요.

보기

1 네 조각으로 똑같이 나누어 보세요.

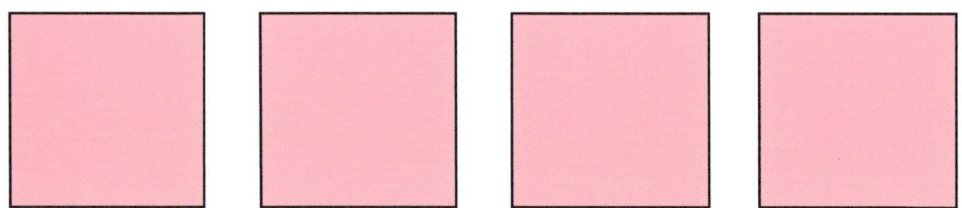

2 두 조각으로 똑같이 나누어 보세요.

❸ 공통점 찾아 분류하기

세상에는 많은 종류의 도형이 있어요. 그런데 그 중에는 변의 개수가 같은 도형, 각의 크기가 같은 도형 등 같은 성질을 가진 도형들이 있어요. 아래 도형들을 기준을 정해서 분류할 수 있어요.

도형 중에 뾰족한 부분이 있는 것과 없는 것으로 분류해 보세요.

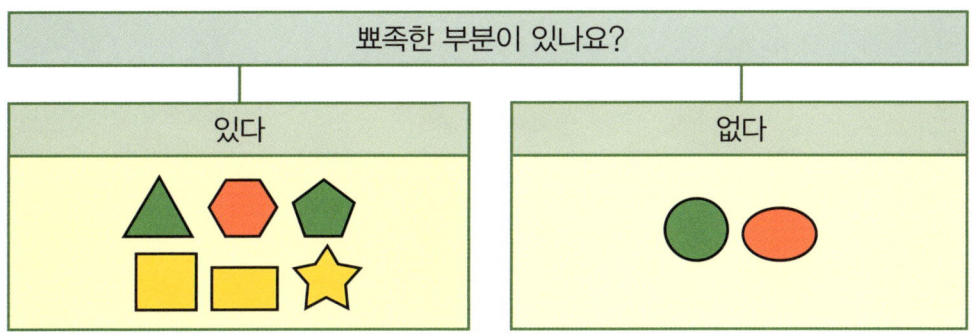

또 다른 기준을 세워 분류할 수도 있어요.

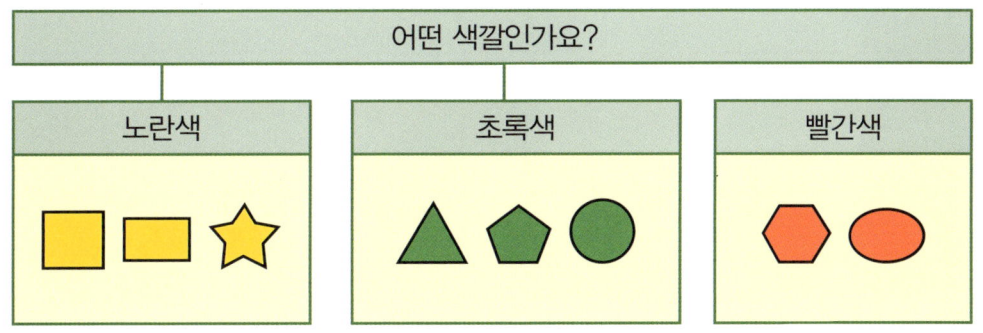

여러분도 한 가지 기준을 정해 다음 도형을 분류해 보세요.

4. 다양한 방법으로 모양 만들기

❶ 바둑돌로 모양 만들기

바둑판 위에 바둑알을 올려 여러 가지 모양을 완성할 수 있어요.
아래는 검정 바둑알 9개를 사용하여 만든 모양이에요.

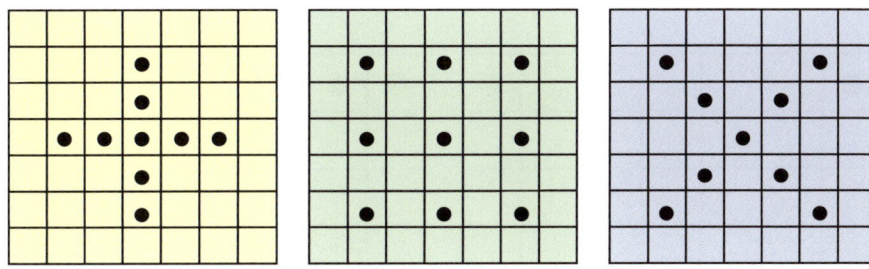

모양을 다양하게 만들기 위해서는 어떤 방법을 사용할 수 있을까요?

이번에는 여러분이 직접 여러 가지 모양을 만들어 보세요. 어떤 모양을 만들고 싶은가요?

도전 검정 바둑알 12개를 이용해서 여러 가지 모양을 만들어 보세요. 단, 다음 세 가지 조건을 지켜야 해요.

1. 바둑알은 내각선 방향(↘ 또는 ↗)으로 6개가 연결되어 있어야 합니다.
2. 네 개의 바둑알로 ⁚⁚ 모양을 한 번 이상 만들어야 합니다.
3. 다음 그림처럼 모서리에 바둑알이 2개는 꼭 들어가야 합니다.

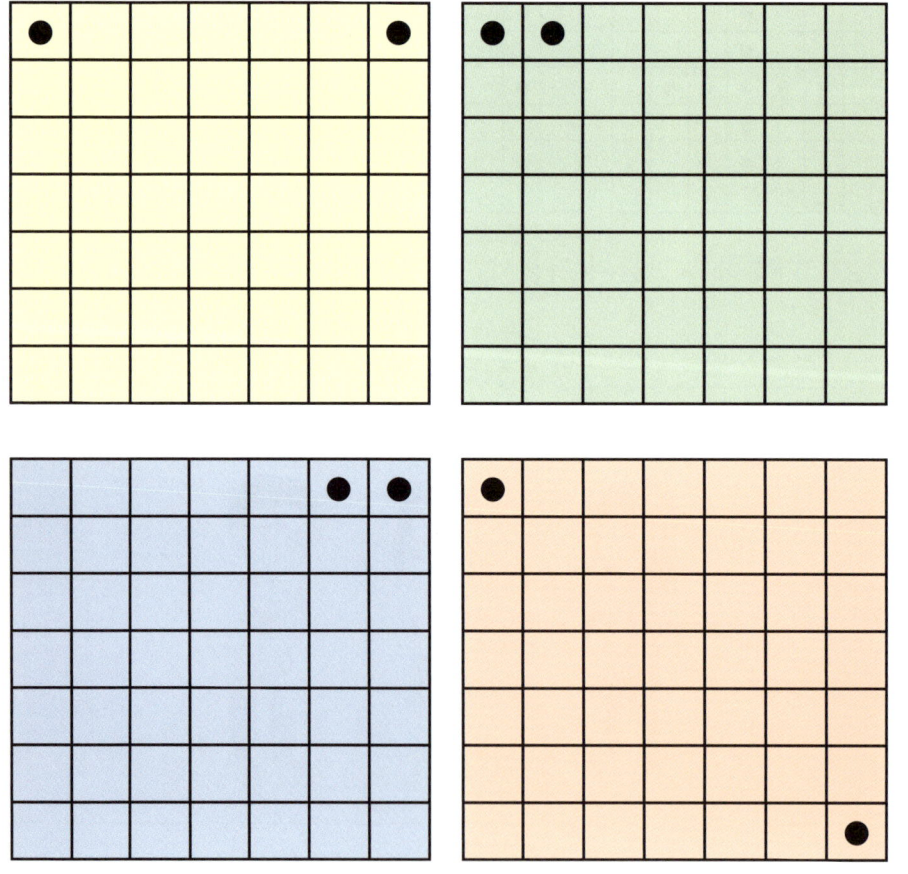

❷ 점판으로 모양 만들기

점판은 점끼리 선으로 연결하여 모양을 나타낼 수 있게 하는 것입니다. 점판에 여러 가지 모양을 만드는 방법을 알아봅시다.

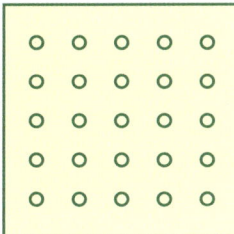

먼저 점판을 준비합니다.

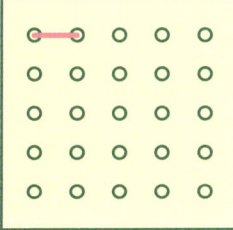

점판 위의 점과 점 사이를 선으로 연결해요.

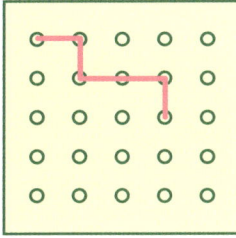

선의 방향을 바꾸거나 선의 길이를 다르게 할 수 있어요.

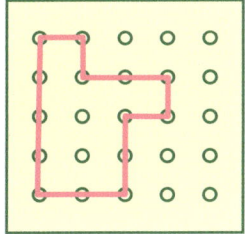

처음 시작한 점과 마지막 점을 연결해서 모양을 완성합니다.

이번에는 점판을 차지하는 크기는 같지만 모양은 서로 다르게 만들어 봅시다.

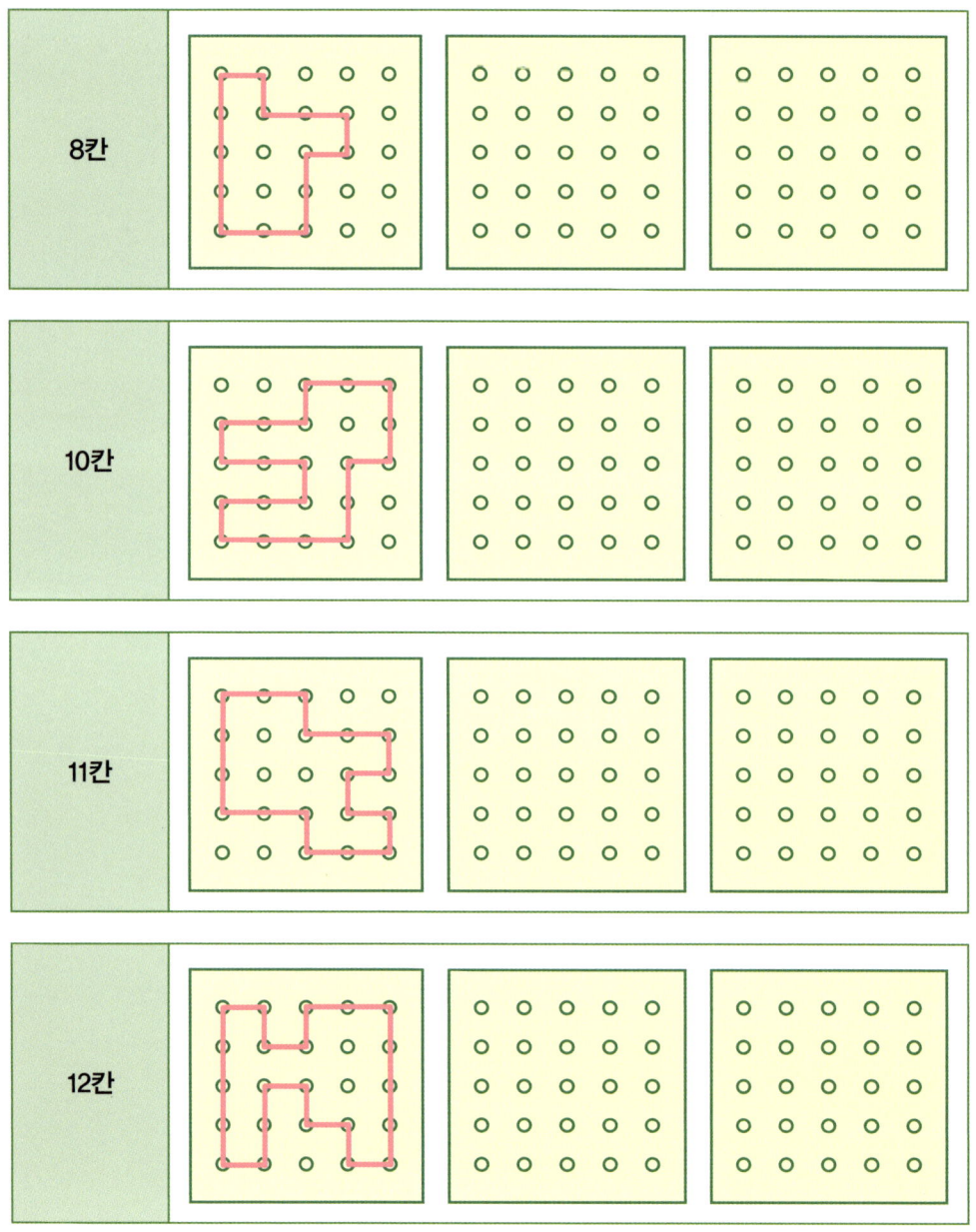

5. 다른 문제로 바꾸기

❶ 덧셈은 뺄셈으로, 뺄셈은 덧셈으로

2개와 3개를 더하면 5개가 된다는 말은 5개에서 2개를 빼면 3개가 남는다는 말과 같습니다. 이렇게 덧셈은 뺄셈으로, 뺄셈은 덧셈으로 나타낼 수 있는 관계이지요.

> 재민이는 지난달에 칭찬스티커 18개를 모았고, 이번 달에는 13개를 모았습니다. 재민이가 모은 칭찬 스티커는 모두 몇 개일까요?
>
> 18+13=31

덧셈 문제는 어떤 양이 더해지거나, 두 수를 합하면 모두 얼마가 되는지 물어봐요. 따라서 덧셈 문제를 뺄셈으로 바꿀 때는 더해진 양이 얼마인지, 두 수의 차이가 얼마인지를 물어봐야 해요.

> 재민이는 칭찬스티커를 지난달과 이번 달에 모두 31개 모았습니다. 지난달에는 18개를 모았다면 이번 달에 모은 칭찬 스티커는 모두 몇 개일까요?
>
> 31−18=13

> 재민이는 칭찬스티커를 지난달과 이번 달에 모두 31개 모았습니다. 이번 달에는 13개를 모았다면 지난달에 모은 칭찬 스티커는 모두 몇 개일까요?
>
> 31−13=18

이렇게 덧셈 문제를 뺄셈 문제로 바꿀 때에는 두 가지 뺄셈식에 어울리는 문제를 만들 수 있어요.

도전 1 다음 덧셈 문제를 뺄셈 문제로 바꾸어 보세요.

재원이는 1년 동안 동화책을 68권, 과학책을 76권 읽었습니다. 재원이가 1년 동안 읽은 동화책과 과학책은 모두 몇 권일까요?

68+76=144

재원이가 1년 동안 읽은 책은 모두 144권입니다. 144권 중 동화책을 68권 읽고, 나머지는 과학책을 읽었다고 합니다. 재원이가 읽은 과학책은 모두 몇 권일까요?

144−68=76

144−76=68

이번에는 뺄셈 문제를 덧셈 문제로 바꾸는 방법을 알아볼게요.

윤희는 사탕을 50개 가지고 있고, 동생은 17개를 가지고 있습니다. 윤희는 동생보다 사탕을 몇 개 더 가지고 있을까요?

50−17=33

뺄셈 문제는 두 수의 차이를 물어보거나, 얼마가 남았는지를 물어봐요. 이 뺄셈 문제를 덧셈으로 바꾸려면 두 수를 합해서 얼마가 되는지 물어봐야 해요.

윤희는 사탕 33개를 가지고 있고 동생은 사탕 17개를 가지고 있습니다. 윤희와 동생이 가지고 있는 사탕의 개수는 모두 몇 개인가요?

33+17=50

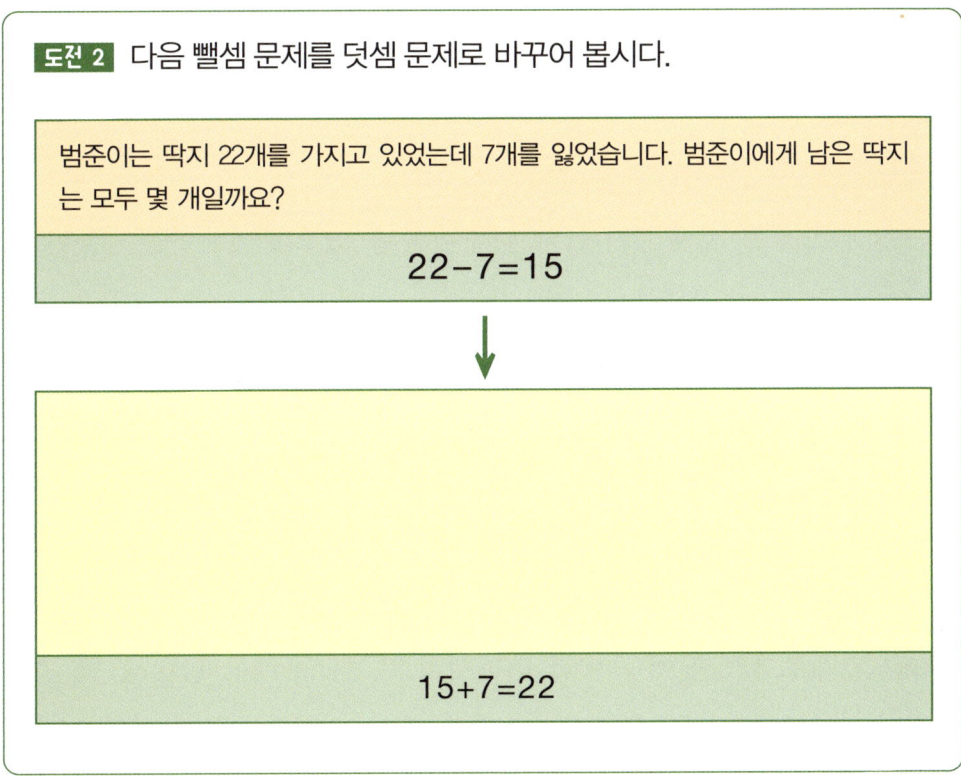

도전 2 다음 뺄셈 문제를 덧셈 문제로 바꾸어 봅시다.

범준이는 딱지 22개를 가지고 있었는데 7개를 잃었습니다. 범준이에게 남은 딱지는 모두 몇 개일까요?

22−7=15

↓

15+7=22

❷ 다양한 식 만들기

상자 안에 있는 수들을 이용하면 여러 가지 덧셈식이나 뺄셈식을 만들 수 있어요.

326	713	955
209	401	867
682	553	194

+

64	53	18
28	90	26
81	77	49

=

286	247	957	284	983
427	375	454	284	416
763	617	741	299	700

먼저 첫 번째 상자와 두 번째 상자 안에서 수를 하나씩 골라요. 그리고 두 수를 더하면 세 번째 상자 안의 수가 나올 수 있도록 덧셈식을 만들어요.

첫 번째 상자에서 326을 선택했다면 두 번째 상자에서 어떤 수를 선택해야 세 번째 상자에 있는 수가 나올 수 있을지 생각해 보세요.

326에 몇 십을 더하면 3백 몇 십이나 4백 몇 십이 되겠지요? 따라서 세 번째 상자의 427, 375, 454, 416이 될 수 있어요.

다음 단계로 326과 어떤 수를 더해서 427, 375, 454, 416 중 한 수가 되는지 찾아보세요. 326에 49를 더하면 375, 326에 90을 더하면 416이므로 326+49=375, 326+90=416이라는 덧셈식을 찾을 수 있지요.

163	495	552
331	291	724
929	100	830

−

47	81	72
15	29	90
61	32	54

=

405	900	776	740	692
262	148	250	53	19
776	434	882	480	270

이번에는 뺄셈식을 만들어 봐요.

첫 번째 상자에서 163을 선택했다면 두 번째 상자에서 어떤 수를 선택해야 세 번째 상자에 있는 수가 나올 수 있을까요?

163에서 어떤 수를 빼면 163보다는 작은 수가 나오겠죠. 그러므로 세 번째 칸에 있는 수 중에서 148, 53, 19가 나올 수 있지요.

163에서 어떤 수를 빼서 148, 53, 19가 나오려면 어떤 수는 15, 110, 19가 되어야 합니다. 두 번째 칸에 15가 있으니 163−15=148이라는 뺄셈식을 만들 수 있겠네요. 그러므로 163−15=148이라는 뺄셈식을 찾을 수 있어요.

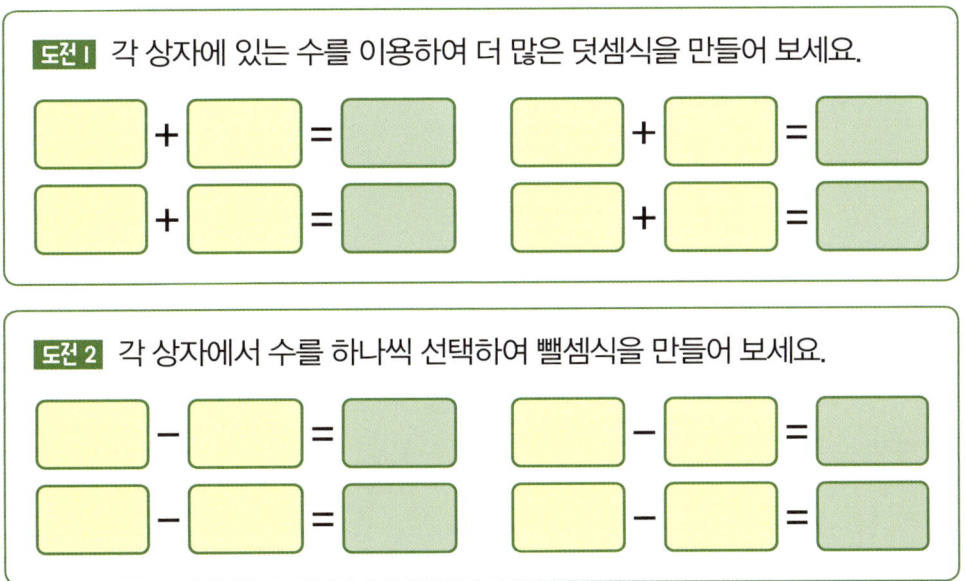

퍼즐·게임 수학
재미는 나누자!

1. 그림 스도쿠

그림 스도쿠는 가로 방향, 세로 방향으로 서로 다른 그림이 한 번씩 빠짐없이 들어가도록 넣는 퍼즐이에요.

그림 스도쿠는 어떤 방법으로 풀 수 있을까요? 그림 스도쿠를 푸는 전략 중 한 가지는 그림 중 하나를 선택하고 그 그림이 없는 줄을 찾아 채워 넣는 방법이랍니다.

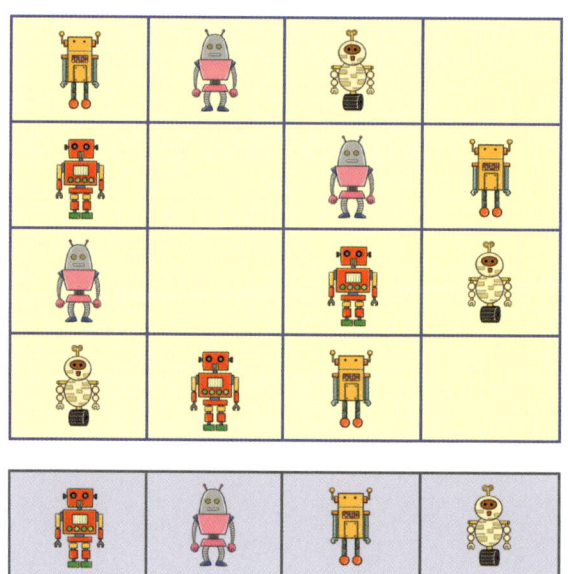

먼저, 네 줄이 있으므로 네 개의 그림이 각 줄에 한 번씩 있어야 해요. 그런데 그림 스도쿠 판을 보면, 각 그림이 3개씩 있어요. 따라서 4개의 빈칸에 4개의 그림이 한 번씩 들어가면 돼요. 4개의 그림이 어디에 들어가야 하는지 한번 확인해 볼까요?

먼저 🤖 그림을 채워볼까요? 가로줄 또는 세로줄을 하나씩 살펴보며 🤖 모양이 없는 줄을 찾아보세요. 가로줄을 따라 찾아보면 첫 번째 가로줄에만 🤖 모양이 없지요. 따라서 🤖 모양은 첫 번째 가로줄의 네 번째 칸에 들어가야 해요.

이번에는 🤖 이 들어갈 자리를 찾아봐요.

앞에서와 같은 방법으로 가로줄 또는 세로줄을 하나씩 살펴보며 🤖 이 없는 줄을 찾아보세요. 세로줄을 따라 찾아보면 네 번째 줄에 🤖 이 없지요. 따라서 🤖 는 가로로 네 번째 줄의 네 번째 칸에 들어가야 해요.

같은 방법으로 🤖 모양과 🤖 모양이 들어갈 자리를 찾으면 그림 스도쿠가 완성되지요.

자, 이렇게 그림 스도쿠가 완성되었어요.

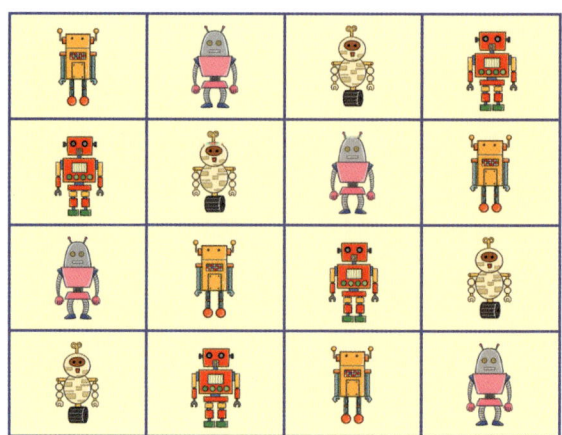

이제 여러분이 직접 그림 스도쿠를 풀어보세요.

도전 다음 네개의 도형이 가로, 세로 줄에 한 번씩만 들어가야 해요. 이 사실을 잊지 말고 다음의 그림 스도쿠를 풀어 보세요.

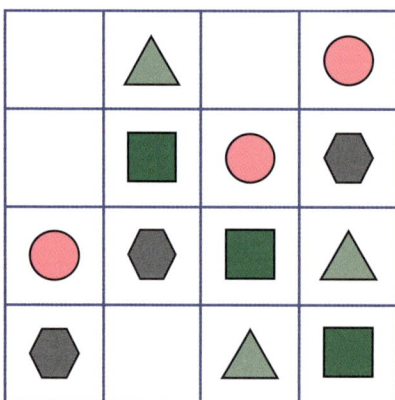 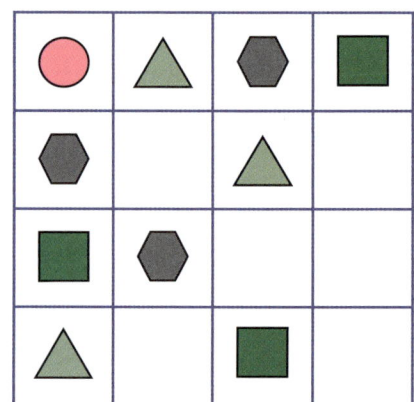

2. 숫자판 연산

숫자판에 있는 수들 중에는 가로, 세로, 대각선 방향으로 더해서 숫자판의 가운데 있는 수가 되도록 만들 수 있어요.

더해서 7이 되는 수들은 (4, 3), (3, 4), (7, 0), (2, 5), (6, 1), (5, 2), (2, 3, 2) 등을 찾을 수 있어요. 또 더해서 12가 되는 수들은 (6, 6), (8, 4), (6, 0, 2, 4), (8, 2, 2), (5, 7), (5, 1, 6) 등을 찾을 수 있지요.

이렇게 어떤 수의 합을 만들기 위해서 여러 수를 합할 수 있어요. 그리고 아무것도 없다는 뜻의 0을 함께 더할 수도 있답니다.

위의 숫자판에서 더 많은 한 줄 덧셈을 찾을 수 있어요. 각자 더 많은 한 줄 덧셈을 찾아본 뒤, 다음 문제에 도전해 보세요.

도전 다음 숫자판에서 가로, 세로, 대각선 방향으로 수를 합하여 가운데 있는 수가 되도록 한 줄 덧셈을 5개 이상 찾아 보세요.

(1) 더하는 수는 2개, 3개, 4개, 5개 등 개수와 상관없이 한 줄로 더했을 때 가운데 있는 수가 나오면 됩니다.
(2) 한 줄 덧셈에 사용된 수는 다른 방향으로 한 줄 덧셈에 또 사용할 수 있습니다.

8	5	8	2	4	1	0	5
4	3	6	7	5	4	8	2
3	8	4	6	5	9	5	1
6	9	5	7	2	0	1	7
6	8	5	1	4	7	2	2
1	5	6	**13**		3	7	3
5	9	7			3	8	4
6	8	5	2	9	3	2	1
6	4	1	0	2	3	7	8
3	8	4	6	8	5	4	5
2	3	2	8	7	4	5	6
3	4	8	2	1	5	8	2

9	5	6	4	2	8	4	1
4	3	6	7	5	4	8	2
3	8	4	6	9	2	0	1
8	6	4	2	0	9	8	7
6	8	4	3	9	5	6	0
2	5	3	**8**		8	4	9
5	1	0			3	8	7
0	1	5	3	7	5	9	4
6	6	7	9	4	4	2	5
9	3	5	6	8	4	5	2
3	0	1	2	7	9	8	6
1	0	2	9	8	5	7	3

3. 그림 암호

성 안에는 각각의 방마다 친구들이 갇혀 있어요. 방 앞에는 자물쇠의 비밀 번호를 나타내는 그림 암호가 붙어 있고요. 보기 와 같은 방법으로 암호를 풀어서 친구들을 구해 주세요!

보기

암호 그림의 각 부분이 나타내는 수를 모두 더하면 암호를 찾을 수 있어요.

○	ᴗ	/	••	\
0	5	24	55	42

⌒	—			〰	🎩
6	10	1	19	8

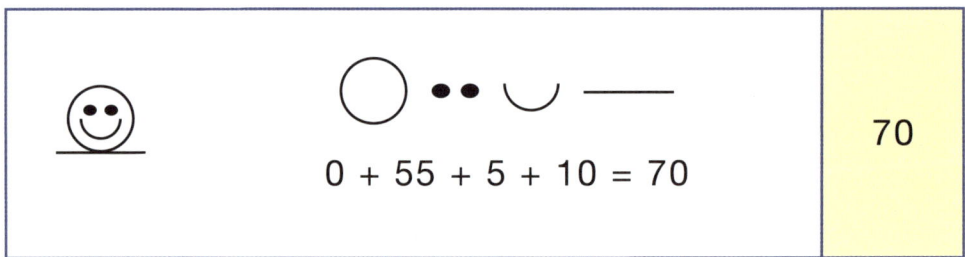

70			

4. 색칠 연산

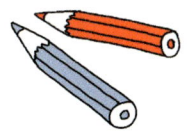

곱셈 구구를 계산하고 값의 크기에 따라 다른 색을 칠해 그림을 완성해 보세요.

7X2	10X2	9X2	3X6	2X6	2X10	6X2	3X4	9X2	2X8	4X4	5X4	4X5	6X3	3X5	3X6	3X5	10X2	2X9
5X4	6X2	2X6	6X1	5X2	8X2	6X3	2X10	3X4	2X7	2X8	4X5	2X6	9X2	10X2	2X8	2X6	3X6	6X2
5X4	2X8	4X2	2X3	4X4	5X4	3X4	10X2	2X9	4X4	7X2	9X2	2X10	2X9	9X2	4X4	6X2	6X3	4X4
2X6	5X2	1X6	5X3	5X3	6X3	2X8	3X4	2X6	7X2	5X4	4X5	4X3	4X3	4X4	4X5	2X7	5X3	9X2
3X6	4X1	5X2	2X8	5X4	7X2	8X2	8X2	2X8	10X2	2X9	3X5	2X10	3X4	3X5	10X2	2X8	4X4	3X6
4X3	9X1	2X3	1X2	2X9	2X8	5X5	5X4	2X9	4X5	10X2	8X2	8X3	10X2	2X10	8X2	4X3	4X5	2X10
5X4	2X10	9X2	2X3	1X9	2X7	6X5	3X8	8X4	9X4	7X7	4X7	3X9	5X3	5X4	2X10	2X10	4X3	2X8
6X3	9X2	3X6	4X3	3X5	3X6	4X7	6X6	2X1	10X5	4X1	7X5	4X7	7X2	2X9	4X5	2X7	4X3	2X6
2X10	6X3	4X5	3X5	8X2	10X2	10X2	8X5	8X6	5X10	6X7	10X4	2X7	2X9	8X2	4X5	4X4	4X4	2X7
6X2	8X2	5X4	9X2	10X2	6X7	3X6	3X5	6X8	7X7	7X6	10X2	5X4	8X5	2X6	6X2	6X3	5X3	2X7
5X3	7X2	5X3	10X2	8X4	7X7	9X4	7X6	3X7	10X5	5X5	6X7	5X10	5X10	6X8	3X6	2X8	9X2	4X4
5X4	10X2	4X4	6X8	9X4	10X5	5X6	7X4	3X10	3X8	9X3	7X7	7X7	7X5	5X10	5X4	5X3	2X9
2X9	9X2	6X7	7X7	6X6	7X5	10X5	5X5	7X4	5X5	7X3	4X6	5X7	9X5	9X4	4X10	7X6	3X5	2X10
6X2	4X8	10X5	9X5	9X4	6X7	9X3	9X3	4X7	8X3	3X9	5X7	10X4	6X7	8X4	10X5	10X4	2X7
10X2	6X6	8X5	6X8	9X4	7X5	5X7	3X7	6X5	3X7	7X3	4X6	6X6	4X9	7X6	9X4	5X9	8X4	5X4
2X8	5X9	8X5	7X5	6X8	5X10	10X4	10X5	4X6	9X3	7X3	9X5	9X4	6X8	5X7	9X5	10X5	10X5	2X9
2X10	6X8	8X4	2X6	4X5	4X8	6X3	6X4	4X3	2X7	2X7	3X8	6X3	10X5	2X6	4X4	6X6	10X5	4X5
6X3	5X10	3X5	3X4	4X5	8X2	9X2	6X4	3X6	3X5	2X7	6X4	10X2	2X6	5X4	2X8	8X2	5X8	9X2
10X2	2X8	8X2	3X5	3X6	6X2	2X7	2X9	5X3	6X3	6X3	6X2	9X2	2X7	9X2	2X10	6X2	9X2
6X3	6X2	8X2	6X3	3X4	9X2	5X3	7X2	2X10	2X7	2X8	2X6	2X6	3X6	2X8	4X3	2X9	6X2	2X6

곱이 1에서 10 사이의 수

곱이 11에서 20 사이의 수

곱이 21에서 30 사이의 수 보라색

곱이 31에서 50 사이의 수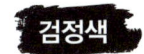

5. 우노 카드 곱셈놀이

우노(UNO) 카드를 알고 있나요? 우노(UNO)는 스페인 말로 '하나'라는 뜻인데, 각자 카드를 나누어 가지고 있다가 숫자나 색깔이 같은 카드를 내려놓다가 카드가 1장만 남았을 때 '우노'하고 외치면 이기는 게임이지요.

이 우노 카드는 우노 게임뿐만 아니라 덧셈, 뺄셈, 곱셈 등의 연산 놀이를 하는 데에도 사용할 수 있어요. 우노 카드를 이용해서 곱셈놀이를 하는 방법을 알아봐요.

인 원	2~4명	준 비 물	우노 카드 (또는 0~9사이의 숫자카드) 종이, 연필
게임 방법			

1. 우노 카드에서 숫자카드만 고른 뒤 뒤집어서 보이지 않도록 쌓아 놓습니다.
2. 가위, 바위, 보로 순서를 정하고, 이긴 사람이 먼저 시작합니다.
3. 이긴 사람은 카드 5장을 뒤집은 다음, 그 중에서 곱셈식을 만들 수 있는 카드를 골라 곱셈식을 만듭니다. 예를 들어 1, 2, 3, 4, 5의 카드가 나왔다면 그 중에서 1, 2, 3, 4의 카드를 이용하여 3×4 = 12와 4×3 = 12를 만들 수 있습니다.

 ⇨ X =

4. 수 카드를 이용하여 만든 식의 개수만큼 점수를 얻습니다. 곱셈식 2개를 만들었으면 2점, 1개만 만들었으면 1점, 하나도 만들지 못했다면 0점을 얻게 됩니다.
5. 같은 방법으로 게임을 계속하다가 카드가 4장보다 적게 남으면 게임을 끝내고 점수를 더 많이 얻은 사람이 이깁니다.

유 의 점	3×4 = 12와 4×3 = 12와 같이 곱하는 순서만 바꾼 식도 서로 다른 식으로 수를 셉니다.

이렇게도 해 봐요!

카드 5장을 골라서 덧셈식이나 뺄셈식을 만드는 것으로 규칙을 바꿔서 게임을 할 수도 있어요.

⇨ 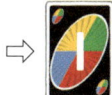 + =

⇨ 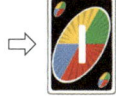 −  =

6. 도형 보드게임

삼각형, 사각형, 원 등의 도형을 알고 있지요? 오른쪽 그림을 참고해서 종이에 도형이 그려진 보드게임판을 만들어 보세요. 그리고 주사위를 굴려 보드게임을 하면서 삼각형, 사각형, 원을 분류해 보세요.

인 원	2~4명	준 비 물	보드게임판, 말, 주사위

게임 방법

1. 가위, 바위, 보로 순서를 정합니다.
2. 주사위를 굴려서 나온 숫자만큼 말을 이동합니다.
3. 도착한 곳의 도형이 사각형이면 앞으로 4칸, 삼각형이면 뒤로 3칸, 원이면 제 자리에 있습니다.
4. 순서대로 게임을 이어갑니다.
5. 마지막 결승점에 먼저 도착한 사람이 승리하게 됩니다.

이렇게도 해 봐요!

1. 말판을 움직이는 규칙을 바꿔 보세요.
   예를 들어 사각형이면 뒤로 4칸, 삼각형이면 앞으로 3칸, 원이면 제자리 등으로 규칙을 바꿀 수 있어요.
2. 도형의 성질 말하기 게임으로 바꿔 보세요.
   '도형에 있는 변의 개수 말하기', '도형에 있는 각의 개수 말하기' 게임으로 바꿔서 도형의 성질을 정확하게 말하면 이동하고, 말하지 못하면 원래 자리로 돌아가는 방법으로 게임을 할 수 있어요.
3. 사각형, 삼각형, 원 이외에 다양한 도형이 있는 말판을 그려서 게임을 할 수도 있어요.

답과 풀이

🟦 이야기 수학

1. 재앙을 막아준 마방진 (14p 답)

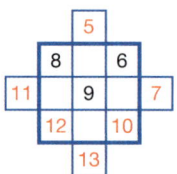

마방진의 바깥쪽에 칸을 덧붙여 대각선 방향으로 숫자를 5부터 적습니다.

마방진의 바깥에 있는 숫자를 대칭이 되는 칸으로 옮깁니다.

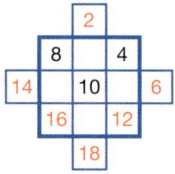

마방진의 바깥쪽에 칸을 덧붙여 대각선 방향으로 2부터 숫자를 적습니다.

마방진의 바깥에 있는 숫자를 대칭이 되는 칸으로 옮깁니다.

2. 도형수의 신비 (17p 답)

❶ 5번째 삼각수는 5까지의 자연수의 합으로 나타낼 수 있으므로 1+2+3+4+5이므로 15입니다.

❷ 10번째 사각수는 제곱수로 나타내면 10×10이므로 100입니다.

❸ 사각수는 홀수들의 합으로 나타낼 수 있으므로 1+3+5+7+9+11+13+15+17+19입니다.

3. 우리나라 최초의 구구단 (19p 답)

육	팔	오	삼
구	구	칠	육
오	칠	삼	십
십	십	십	팔
사	이	오	

사	오	이	
육	육	오	
이십	삼십	십	
사			

4. 앙부일구 시계 보는 법 (21p 답)

11시에서 1시 사이를 '오시'라고 합니다. 오시는 동물로는 말에 해당합니다.

5. 일 년과 한 달의 비밀 (23p 답)

[예시] 2012년에 태어난 지안이는 2012년을 기원으로 정했습니다. 2012년은 지안 1년, 2013년은 지안 2년, 그리고 2020년은 지안 9년이 됩니다. 예시와 같이 다양한 답이 있을 수 있습니다.

❷ 한 달의 날짜 수가 다른 이유 (25p 답)

2020년이 윤년이었으므로 4년 뒤인 2024년이 윤년입니다.

🟧 학교 수학

1. 모으기와 가르기로 계산하기 (30p 답)

도전 1

방법 ❶

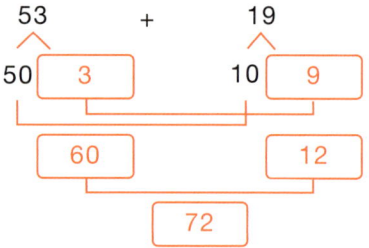

방법 ❷

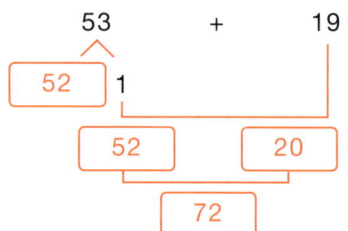

방법 ❸

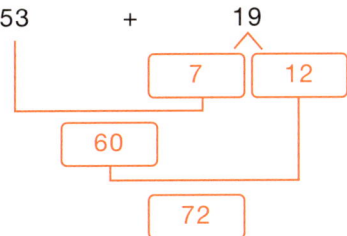

도전 2 (31p 답)

방법 ❶

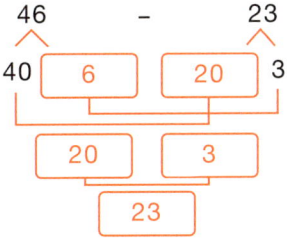

방법 ❷

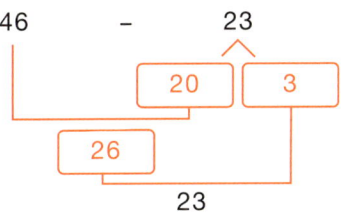

방법 ❸

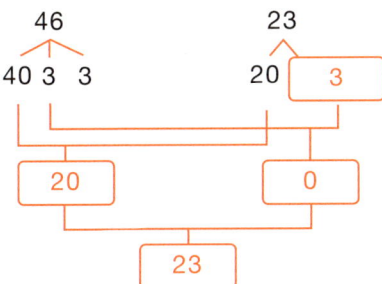

2. 등호와 등식 (32p 답)

❶ 1+2+7=10, 1+3+6=10, 1+4+5=10, 2+3+5=10

(더하는 수의 순서가 바뀌어도 됩니다.)

❷ 3+8−1=10, 8+3−1=10, 4+7−1=10, 7+4−1=10, 2+9−1=10, 9+2−1=10, 5+6−1=10, 6+5−1=10, 3+9−2=10, 9+3−2=10, 4+8−2=10, 8+4−2=10, 5+7−2=10, 7+5−2=10, 6+7−3=10, 7+6−3=10, 5+8−3=10, 8+5−3=10, 4+9−3=10, 9+4−3=10, 6+8−4=10, 8+6−4=10, 5+9−4=10, 9+5−4=10, 6+9−5=10, 9+6−5=10, 7+8−5=10, 8+7−5=10, 7+9−6=10, 9+7−6=10, 8+9−7=10, 9+8−7=10

❸ 6×8+2=50, 6×7+8=50, 7×6+8=50, 8×6+2=50, 8×7+4=50

❹ 6×9−4=50, 9×6−4=50, 7×8−6=50, 8×7−6=50

❷ 등호의 왼쪽과 오른쪽을 같게 (34p 답)

❶ 등호의 왼쪽과 오른쪽을 같게 하기 위해서 9+7을 8+1+7로 가르기 합니다.

등호의 왼쪽과 오른쪽이 같으니까 □는 1+7과 같고, □는 8입니다.

8+1+7=□+8

□=1+7=8

❷ 8+0을 5+3+0으로 가르기 합니다. 5+3+0=5+□에서 □는 3+0과 같으므로 3입니다.

❸ 57+86을 57+2+84로 가르기 합니다. 57+2+84=□+84 □는 57+2와 같으므로 59입니다.

❹ 39를 37+2+□로 가르기 합니다. 37+56= 37+2+□에서 56은 2+□와 같으니까 □는 54입니다.

3. 다양한 규칙 찾기 (35p 답)

도전 1

❶ 분침이 나타내는 시각이 10분마다 반복적으로 나타나고 있으므로 빈 칸에 올 말은 50분입니다.

❷ 일주일의 요일이 반복되고 있으므로 빈 칸에 올 말은 월요일입니다.

❸ 계이름이 도레미레/도레미파미레/도레미파솔파미레로 반복되고 있으므로 빈 칸에 올 말은 파입니다.

도전 2

❶ 각자 다양한 답이 나올 수 있습니다. 예시 답안으로 제시하면 아래와 같아요.
  - 쿵따쿵따쿵따쿵따와 같이 AB가 반복되는 규칙
  - 쿵따따따/쿵따따따와 같이 ABBB가 반복되는 규칙
  - 쿵따리리/쿵따리리와 같이 ABCC가 반복되는 규칙
  - 쿵따리따/쿵따리따와 같이 ABCD가 반복되는 규칙

❷ 각자 다양한 답이 나올 수 있습니다. 예시 답안으로 제시하면 아래와 같아요.
  - 빨노초/빨노초/빨노초와 같이 ABC가 반복되는 규칙
  - 빨노노/빨노노/빨노노와 같이 ABB가 반복되는 규칙
  - 빨빨초/빨빨초/빨빨초와 같이 AAB가 반복되는 규칙
  - 빨주노빨/빨주노빨과 같이 ABCD가 반복되는 규칙

❷ 특별한 규칙 (36p 답)

❶ 2+1=3, 3+2=5, 5+3=8, 8+4=14, 12+5=17과 같이 더하는 수가 1씩 커지는 규칙을 가지고 있습니다. 30과 38 사이가 8이므로 38과 빈 칸에 들어갈 수의 차이는 9이고, 38+9=47이 됩니다.

❷ 1×1=1, 2×2=4, 3×3=9, 4×4=16, 5×5=25, 6×6=36…의 규칙으로 이루어져 있으므로 빈 칸에 올 수는 8×8=64가 됩니다.

❸ 1+1=2, 1+2=3, 2+3=5, 3+5=8, 5+8=13과 같이 앞의 두 수의 합이 다음에 오는 규칙입니다. 따라서 빈 칸에 올 수는 21+34=55가 됩니다.

❸ 쌓기나무 규칙 (37p 답)

 3, 5, 7로 커지므로 4번째는 9가 됩니다.

 가로, 세로, 높이의 개수가 1개씩 줄어들어서 넷째번은 1개가 됩니다.

 맨 아랫줄의 개수가 7, 5, 3으로 줄어들고 있어서 넷째번은 1개가 됩니다.

4. 곱셈의 성질 (40p 답)

×	0	1	2	3	4	5	6	7	8	9
0	0	0	0	0	0	0	0	0	0	0
1	0	1	2	3	4	5	6	7	8	9
2	0	2	4	6	8	10	12	14	16	18
3	0	3	6	9	12	15	18	21	24	27
4	0	4	8	10	16	20	24	28	32	36
5	0	5	10	15	20	25	30	35	40	45
6	0	6	12	18	24	30	36	42	48	52
7	0	7	14	21	28	35	42	49	56	63
8	0	8	16	24	32	40	48	56	64	72
9	0	9	18	27	36	45	54	63	72	81

❸ 곱셈 가르기 (42p 답)

- 6×5는 6개짜리가 5묶음이므로 6개짜리를 4묶음과 1묶음으로 가르기 하면 6×(4+1)로 나타낼 수 있어요.

- 6×5는 6개짜리가 5묶음이므로 6개짜리를 2묶음과 3묶음으로 가르기 하면 6×(2+3)으로 나타낼 수 있어요.

❹ 세 수 곱하기 (43p 답)

두 수의 곱으로 나타내면 6×3이지만 세 수의 곱으로 나타내면 3×2×3 또는 3×3×2로 나타낼 수 있어요.

5. 문제 완성하기 (45p 답)

❶ 예시) 두 자리 수입니다/ 8보다 큽니다. /일의 자리 수가 4입니다/ 십의 자리 수가 1입니다 / 2의 단 곱셈 구구로 나타낼 수 있습니다 등

❷ 예시) (24~47)보다 큽니다/(24~47)보다 크고 (49 이상의 수)보다 작습니다 /(49 이상의 수)보다 작습니다./일의 자리 수가 8입니다/ 십의 자리 수가 4입니다 등

❸ 예시) (18~28)보다 큽니다./(29 이상의 수)보다 작습니다./일의 자리 수가 9입니다/ 십의 자리 수가 2입니다 등

❹ 예시) 10씩 묶어 셀 수 있습니다/ 일의 자리 수가 0입니다/ 십의 자리 수가 9입니다 등

추론 수학

1. 귀납추론 (48p 답)

삼각형부터 변이 하나씩 늘어나므로 10번째는 십이각형이 됩니다.

❷ 같은 특징 찾기 (49p 답)

- 눈, 코, 입의 공통점은 얼굴에 있는 부분이라는 것입니다. 그림 중 얼굴에 있는 부분은 귀입니다.
- 세 물건의 공통점은 공이라는 것입니다. 그림 중 공은 골프공입니다.
- 세 도형의 공통점은 직각이 하나씩 있는 삼각형이라는 것입니다. 그림에서 직각이 있는 삼각형을 찾으면 됩니다.
- 세 수의 공통점은 일의 자리가 0이라는 것입니다. 일의 자리가 0인 수는 20입니다.
- 세 수의 공통점은 값이 0이라는 것입니다. 오른쪽 상자에서 값이 0인 것을 찾으면 7×0입니다. 2×1=2, 3÷3=1, 4+4=8, 5×1=5입니다.

❸ 계산기로 규칙 찾기 (50p 답)

12345679 × 63 = 777777777
12345679 × 72 = 888888888
1111111×1111111= 1234567654321
11111111×11111111= 123456787654321

❹ 수의 관계 추리하기 (52p 답)

1+2+3+4+5
=1+2+3+3+1+3+2
=(1+2)+(2+1)+3+3+3
=3+3+3+3+3
=3×5 입니다.

2. 유비추론 (53p 답)

❶ 짝꿍 말을 찾아요

도전 1

예시1) 강아지 : 아기 = 개 : 어른, 강아지 : 송아지 = 개 : 소, 강아지 : 병아리= 개 : 닭, 강아지 : 올챙이 = 개 : 개구리 등 어린 동물과 큰 동물을 이름을 나타내는 말

예시2) 강아지 : 작다 = 개 : 크다, 강아지 : 귀엽다 = 개 : 의젓하다, 강아지 : 기어다닌다 = 개 :

뛰어다닌다 등과 같이 어린 동물과 큰 동물의 특성을 나타내는 말

도전 2

예시1) 하늘 : 바다 = 높다 : 넓다와 같이 하늘과 바다의 특성을 비교하는 답

예시2) 하늘 : 바다 = 구름 : 파도, 하늘 : 해 = 바다 : 물과 같이 하늘과 바다에 있는 대상을 나타내는 답

❷ **짝꿍 수를 찾아요** (54p 답)

도전 1

5   2442

도전 2

❶ **예시답안1)** 36 : 30 = 6 : 5, 36 : 24 = 6 : 4 와 같이 6배의 관계가 있는 경우

예시답안2) 36 : 35 = 6 : 5, 36 : 34 = 6 : 4 와 같이 −30의 관계가 있는 경우

예시답안3) 36 : 25 = 6 : 5, 36 : 16 = 6 : 4 와 같이 같은 수를 두 번 곱한 경우

❷ **예시답안1)** 100 : 30 = 10 : 3과 같이 몇 배의 관계가 있는 경우

예시답안2) 100 : 30 = 99 : 29와 같이 덧셈과 뺄셈의 관계가 있는 경우

예시답안3) 100 : 10 = 25 : 5와 같이 같은 수를 두 번 곱한 관계가 있는 경우

3. **연역추론** (56p 답)

— **정답 3번**

❶ 어떤 배는 자동차를 실을 수 있다고 했으니 자동차를 실을 수 없는 배도 있을 수 있습니다.

❷ 영민이는 배를 타고 낚시를 했다는 사실 밖에 없으므로 영민이가 탄 배가 자동차를 실을 수 있는지는 알 수가 없습니다.

❸ 모든 배는 물 위에 뜨니까 영민이가 탄 배도 물 위에 뜹니다.

— **정답 1번**

❶ 모든 도마뱀은 다리가 있다고 했으므로 정현이가 본 도마뱀은 다리가 있다.

❷ 모든 뱀은 다리가 없지만, 다리가 없는 동물 중에 뱀이 아닌 다른 동물도 있을 수 있습니다.

❸ 정현이는 동물원에서 도마뱀을 보았다고 하였고, 뱀을 보았는지는 알 수 없습니다.

— **정답 4번**

❶ 지민이가 가진 장난감 자동차는 20개이므로 4개씩 담을 수 있습니다.

❷ 지민이가 가진 장난감 자동차는 20개이므로 5개씩 담을 수 있습니다.

❸ 지민이가 가진 장난감 자동차는 20개이므로 4씩 뛰어 셀 수 있습니다.

❹ 지민이가 가진 장난감 자동차는 20개이고, 20은 4씩 묶어 셀 수 있으므로 20은 4에 어떤 수를 곱한 수입니다.

❷ **순서 추리하기** (57p 답)

① (형주, 다인, 예진)

형주<예진, 형주<다인, 다인<예진이므로 형주<다인<예진의 순서입니다.

② (2반, 5반, 3반, 4반, 1반)

4반→1반, 2반→5반→3반, 3반→4반이고 1등이 2반이므로 2반→5반→3반→4반→1반의 순서로 들어왔습니다.

❸ **저울 보고 추리하기** (58p 답)

공>보드게임, 블록>보드게임, 블록>공이므로 블록>공>보드게임 순으로 무겁습니다.

④ 단서 보고 추리하기 (59p 답)

정답 승우.

승우는 7시에서 9시 사이에 태권도 학원에 있었으므로 9시에서 10시 사이에 부엌에 들어왔을 수 있고, 키가 1m가 넘으며, 구두가 있는지 없는지를 말하지 않았기 때문에 구두를 가지고 있을 가능성이 있습니다.

민하는 구두를 한 켤레도 가지고 있지 않고, 제연이는 키가 1m가 되지 않으며, 하나는 어제 하루 종일 할머니 댁에 있어서 부엌에 들어가지 않았으니 범인이 아닙니다.

 다답 수학

1. 다양한 방법으로 나타내기 (62p 답)

| 18+2 | 17+3 | 10+10 | 5+15 |
| 7+7+6 | 6+6+8 | 9+9+2 | 8+8+4 |

| 30-10 | 70-50 | 35-15 | 25-5 |
| 23-3 | 21-1 | 37-17 | 42-22 |

| 15+15-10 | 20+20-20 | 7+7+7-1 | 6+7+8-1 |
| 5×4 | 4×5 | 3×7-1 | 8×3-4 |

❷ 여러 가지 방법으로 묶기 (64p 답)

1
- 사과 12개를 1개씩 묶으면 12묶음을 만들 수 있어요.
- 사과 12개를 2개씩 묶으면 6묶음을 만들 수 있어요.
- 사과 12개를 3개씩 묶으면 4묶음을 만들 수 있어요.
- 사과 12개를 4개씩 묶으면 3묶음을 만들 수 있어요.
- 사과 12개를 5개씩 묶으면 2묶음을 만들고 2개가 남아요.
- 사과 12개를 6개씩 묶으면 2묶음을 만들 수 있어요.
- 사과 12개를 7개씩 묶으면 1묶음을 만들고 5개가 남아요.
- 사과 12개를 8개씩 묶으면 1묶음을 만들고 4개가 남아요.
- 사과 12개를 9개씩 묶으면 1묶음을 만들고 3개가 남아요.
- 사과 12개를 10개씩 묶으면 1묶음을 만들고 2개가 남아요.
- 사과 12개를 11개씩 묶으면 1묶음을 만들고 1개가 남아요.
- 사과 12개를 12개씩 묶으면 1묶음을 만들 수 있어요.

2

❶ 1개씩 묶으면 18묶음이니까
1 × 18 = 18

❷ 2개씩 묶으면 9묶음이니까
2 × 9 = 18

❸ 3개씩 묶으면 6묶음이니까
3 × 6 = 18

❹ 9개씩 묶으면 2묶음이니까
9 × 2 = 18

❺ 5개씩 묶으면 3묶음과 3개가 남으니까
5 × 3 + 3 = 18

2. 다양한 규칙으로 나타내기

❶ 내가 만드는 규칙

〈정답 생략〉

❷ 곱셈표에서 규칙 찾기 (67p 답)

- 6의 단은 일의 자리 숫자가 6, 2, 8, 4, 0으로 반복됩니다.
- 9의 단은 일의 자리 숫자가 1씩 작아집니다.
- 9의 단은 십의 자리 숫자가 1씩 커집니다.

3. 다양한 기준으로 나누기 (68-69p 답)

①
538
- 100이 5개, 10이 3개, 1이 8개
- 100이 5개, 10이 2개, 1이 18개
- 100이 4개, 10이 13개, 1이 8개 등

②
712
- 100이 6개, 10이 11개, 1이 2개
- 100이 5개, 10이 21개, 1이 2개
- 100이 7개, 1이 12개 등

③
880
- 100이 8개, 10이 8개
- 100이 7개, 10이 18개
- 100이 7개, 10이 18개
- 100이 8개, 1이 80개 등

④
109
- 100이 1개, 1이 9개
- 10이 9개, 1이 19개
- 10이 10개, 1이 9개
- 10이 5개, 1이 59개
- 1이 109개 등

⑤
500
- 100이 5개
- 100이 4개, 10이 10개
- 1이 500개
- 10이 50개
- 10이 40개, 1이 100개 등

❷ 똑같이 나누기 (70p 답)

①

②
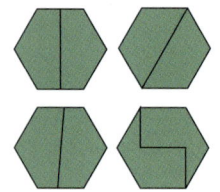

❸ 공통점 찾아 분류하기 (72p 답)

뾰족한 부분이 있나?

| 있다 | 없다 |

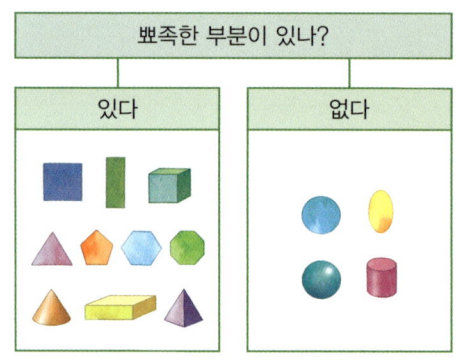

편평한 종이 위에 있나?

| 그렇다 | 아니다 |

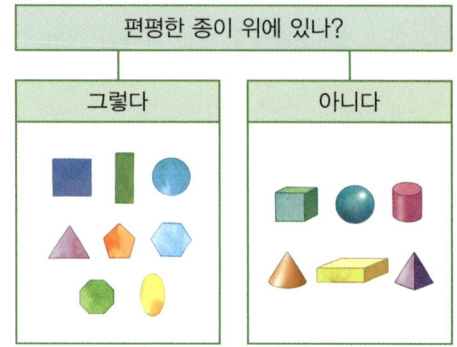

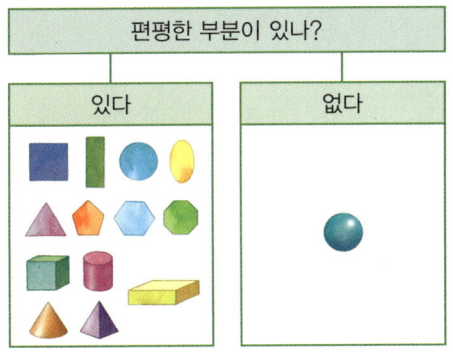

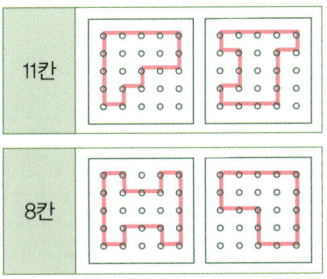

4. 다양한 방법으로 모양 만들기 (74p 답)

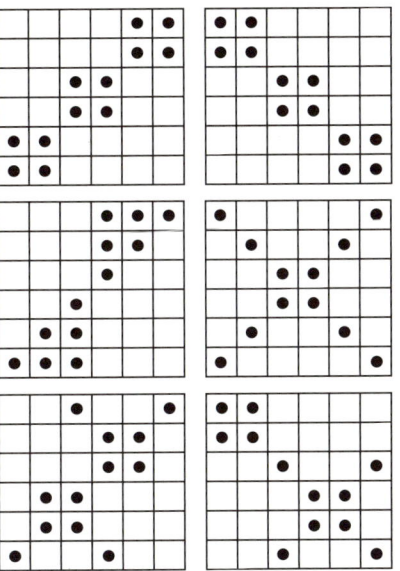

❷ 점판으로 모양 만들기 (76p 답)

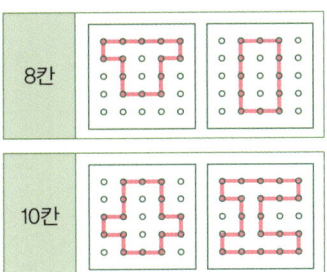

5. 다른 문제로 바꾸기 (78~79p 답)

도전 1

재원이가 1년 동안 읽은 책은 모두 144권입니다. 144권 중 과학책을 76권 읽고, 나머지는 동화책을 읽었다고 합니다. 재원이가 읽은 동화책은 모두 몇 권일까요?

144−76=68

도전 2

범준이가 딱지 7개를 잃은 후 남은 딱지는 15개입니다. 범준이는 처음에 딱지를 몇 개 가지고 있었을까요?

15+7=22

❷ 다양한 식 만들기 (81p 답)

도전 1

326	+	49	=	375		713	+	28	=	741
955	+	28	=	983		209	+	77	=	286
401	+	26	=	427		867	+	90	=	957
682	+	81	=	763		553	+	64	=	617
194	+	53	=	247		401	+	53	=	454
194	+	90	=	284		209	+	90	=	299
682	+	18	=	700

도전 2

163	−	15	=	148
830	−	54	=	776
929	−	47	=	882
830	−	90	=	740
552	−	72	=	480
291	−	29	=	262
929	−	29	=	900
830	−	54	=	776

495	−	90	=	405
331	−	83	=	250
100	−	81	=	19
495	−	61	=	434
331	−	61	=	270
724	−	32	=	692
100	−	47	=	53

퍼즐 · 게임 수학

1. 그림 스도쿠 (86p 답)

왼쪽 답

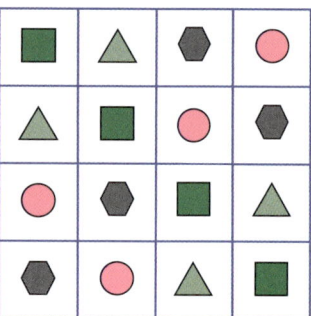

오른쪽 답

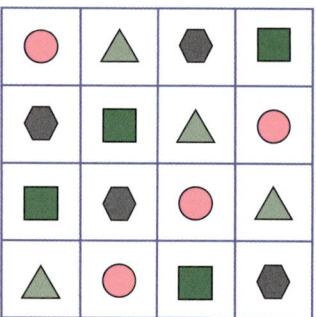

2. 숫자판 연산 (88p 답)

(13, 8 이 강조된 숫자판)

3. 그림 암호 (90p 답)

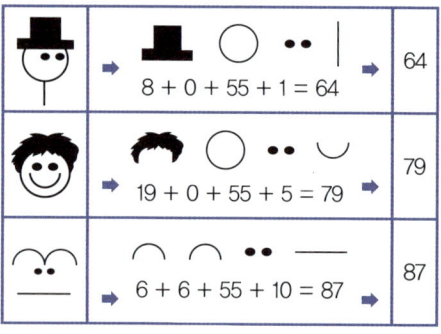

8 + 0 + 55 + 1 = 64 → 64
19 + 0 + 55 + 5 = 79 → 79
6 + 6 + 55 + 10 = 87 → 87

그림출처: http://www.juliekcohen.com/puzzlebooks/matchstickspuzzle1.html

4. 색칠 연산 (91p 답)

초판 1쇄 인쇄 2020년 5월 29일
초판 1쇄 발행 2020년 6월 10일

글쓴이 어린이를 위한 수학교육연구회 김진호, 남미선

발행인 양원석
펴낸 곳 ㈜알에이치코리아
주소 서울시 금천구 가산디지털2로 53, 20층 (가산동, 한라시그마밸리)
편집문의 02-6443-8842   도서문의 02-6443-8800
홈페이지 http://rhk.co.kr
등록 2004년 1월 15일 제2-3726호

ⓒ 김진호·남미선, 2020

어린이제품 안전특별법 표시 사항
제품명 도서 ┃ 제조자명 ㈜알에이치코리아 ┃ 제조국명 대한민국 ┃ 전화번호 02)6443-8800
주소 서울시 금천구 가산디지털2로 53, 20층(한라시그마밸리)

ISBN 978-89-255-3685-9 (74410)
ISBN 978-89-255-6461-6 (세트)

※ 책값은 뒤표지에 있습니다.
※ 맞춤법과 띄어쓰기는 국립국어원의 기준에 따랐습니다.
※ 잘못된 책은 구입하신 곳에서 바꾸어 드립니다.
△ 책 모서리가 날카로워 다칠 수 있으니 사람을 향해 던지거나 떨어뜨리지 마십시오.

알에이치코리아 홈페이지와 블로그, SNS에서 자사 도서에 대한 더 많은 정보와 이벤트 혜택을 확인할 수 있으며,
전자책도 만나볼 수 있습니다.
홈페이지 http://rhk.co.kr ┃ http://ebook.rhk.co.kr 페이스북 https://www.facebook.com/rhk.co.kr
블로그 http://randomhouse1.blog.me 유튜브 http://www.youtube.com/randomhousekorea
주니어RHK 포스트 https://post.naver.com/junior_rhk 인스타그램 @junior_rhk